Baedekers

HANNOVER

Kartographie Podschadli '77
A
B
C
D
1
2
3
4
5
6
Bremer Damm
Leine
Haenischbr.
Weddigen-
Wilhelmshav. Str.
Emdenstr.
Adv. Gde.
Fischerstr.
Königsworther-Platz
Königsworther Str.
Neust. Friedh.
Freirel. Gde.
Joh. K.
Theodorstr.
Körner-str.
Klages-markt
Otto-Brenner-Str.
Lange Laub
Brühlstr.
Neuap. K.
Gerberstr.
Oeltzenstr.
Lds.-Lehr-schm.
Andertensche Wiese
Clevertor-br.
Arbeits-amt
Kap.-Müller-Str.
Grotefend-str.
Ihmestr.
Dreyer str.
W.-Bluhm-Str.
Ottenstr.
Stärkestr.
Kochstr.
Heizkraftwerk
Leinert-br.
Spinnereistr.
Calenberger
Braunstr.
Goethe-pl.
Goethestr.
Goethe br.
St.-Clem. Propstei-K.
Marstall-br.
Leibnizufer
Lds.-Kirch.-Amt
Neust. K.
Neust. Markt
Glocksee-str.
Lenaustr.
Rückertstr.
Clemens-str.
Neustadt
Ihme
Ihmepl.
Am Ihmeufer
Ihmepassage
Limmerstr.
Fössestr.
Am Küchengarten
Blumenauer Str.
Wielandstr.
Humboldt-str.
Frieder. Stift
Calenberger Str.
Duvestr.
Neustädter Str.
Archivstr.
Am Archiv
Mittelstr.
Kommandant.-str.
Dachenhsn. Str.
Molthan-str.
Innenmin.
Adolf-str.
Küchengarten
Haasemann-str.
Lichtenberg-pl.
Gartenallee
Jacobsstr.
Minister-Stüve-Str.
Stephanus-str.
Eleonorenstr.
Teichstr.
Linden
Schwarzer Bär
Gustav-Bratke-Allee
Waterloo-platz
Waterloosäule
Am Waterlooplatz
Heese-str.
Lindener Marktpl.
Schwalenbgr. Str.
Egestorffstr.
Falkenstr.
Kath. Apost. K.
Hallerm. Str.
Niemeyer-str.
Hohe Straße
Dunkelbg.-Gang
Ev. Freik. Ges.
Ohestr.
Lavesallee
Wasser-u. Schiff.-Dir. u. Amt
Bezirks-regierung Hannover
Am Schützenpl.
Posthornstr.
Von-Alten-Allee
Milch-gang
Ricklinger Str.
Städt. Hautklinik Linden
Von-Alten-Garten
Weberstr.
Deisterstr.
Auestr.
Godehardi-str.
St.-Godehard-K.
Seifeld str.
Legionsbr.
Beuermann-str.
Schützenplatz
Westschnellweg
Wachsbleiche
Sporleder-weg
Deister-platz
Kaplanstr.
Groß-kopf-str.
Laportestr.
Nds. LVA
Med. Unters.A.
Wasserw. A.
Aller-weg
Charlotten-str.
Franzstr.
Erlöser-K.
Bornumer Str.
Haspelmath-str.
Hengst-mannstr.
Nieders.

HANNOVER I
0 100 200 300 400 500 m
E
F
G
H
1
2
3
4
5
6
'82
Mitte
Südstadt
Hauptbahnhof
Postzollamt
Hauptpost
Passerelle
Stadt-spar-kasse
Landger.
Amtsger.
Berliner
Handw. Kam.
Ind.-u. Handelskam.
Ärzte-Kam.
Kurt-Schumacher-Str.
Ernst-August-Pl.
Georgstr.
Bahnhofstr.
Kröpcke
Rathenaustr.
Theater-pl.
Thielen-
Oper
Opern-platz
Künstler-haus
Landw. Kam.
Kult. Min.
Fin. Min.
Börse
Neues Theater
Nordd. Lds. Bank
Georgs-platz
Kestn. Ges.
Sophien-klinik
Unf.-Klinik
Garten-Frdhf
Gart. K.
Altes Raths.
Markt-K.
Aegidien-K.
Aegidientor-platz
Marien-
Friedrichswall
Altes Kreishaus
Theat. a. Aegi
Kestner-Mus.
Städt. Bauverw.
Rathaus
Trammpl.
Friedrichstr.
Stadt-bibliothek
Neues Kreis-haus
Hs. d. Sports
Hs. der Jugend
Nds. Landesmuseum
Staatskanzl.
Maschpark
Masch-teich
Maschpark
Hildesheimer Str.
Adv. Gde.
Kurt-Schwitters-Platz
Sprengel-Museum
Leine
Casino am Maschsee
Masch-see
Rud.-v.-Bennigsen-Ufer
NDR Funkhaus Hannover
Paulus-K.
Allee
Königstr.
Lavesh.
Laveshs.
Wangenh.P.
Karmarschstr.
Culemann-str.

Stadtgebiet

Die Jahreszahlen bezeichnen das Datum der Eingemeindung

Baedekers
HANNOVER

STADTFÜHRER
VON
KARL BAEDEKER

Mit 7 Karten und Plänen
und 20 Zeichnungen

KARL BAEDEKER
VERLAG

STERNCHEN (*)
als Mittel zur Hervorhebung bedeutender Bau- und Kunstwerke,
Naturschönheiten, Aussichten
oder auch besonders guter Hotels und Restaurants
hat Karl Baedeker im Jahre 1844 eingeführt;
sie werden auch hier verwendet.

Besonders Beachtenswertes ist durch ein Sternchen (*),
einzigartige Sehenswürdigkeiten sind durch zwei Sterne (**) gekennzeichnet.

Titelbild: Rathaus (Helmut Zimmermann)

Druck: Druckhaus Langenscheidt KG, Berlin-Schöneberg
Printed in Germany
ISBN 3-87954-058-6

VORWORT

Hannover verbindet die Ausstrahlungskraft einer ehemaligen Residenzstadt mit den Vorzügen einer modernen Wirtschafts- und Messemetropole. Das traditionelle Schützenfest und die Antiquitätenmesse in Herrenhausen genießen einen ebenso guten Ruf wie die beiden im Frühjahr stattfindenden Hannover-Messen, die als Wirtschaftsbarometer der westlichen Welt in Sachen Technik und Industrie gelten. Hannovers Vergangenheit präsentiert sich nirgends eindrucksvoller als in den Herrenhäuser Königsgärten, einem einmaligen Zeugnis europäischer Gartenkunst aus drei Jahrhunderten. Ob Kurt Schwitters, Wilhelm Busch oder die Antike – die Museumslandschaft der niedersächsischen Landeshauptstadt zeigt überdies, wie man Vergangenheit und Gegenwart veranschaulichen kann.

Der Verlagsgründer Karl Baedeker (1801–59) hat Hannover erstmals in seinem 1842 erschienenen „Handbuch für Reisende durch Deutschland und den Österreichischen Kaiserstaat" beschrieben. Einen eigenen Band brachte der Verlag 1973 heraus. *Helmut Zimmermann* aktualisierte und ergänzte die vorliegende 5. Auflage. Die Zeichnungen stammen von *Katja Ungerer* und *Renate Liertz*. *Edwin Podschadli* und *Christoph Gallus* (Hohberg) bearbeiteten Pläne und Grundrisse.

Der vorliegende Stadtführer wird jedem, der Hannovers Sehenswürdigkeiten und Besonderheiten kennenlernen will, unentbehrliche und willkommene Hilfe leisten. Aus Erfahrung wissen wir jedoch, daß Irrtümer und Fehler nie ganz zu vermeiden sind. Wir bitten deshalb, die Redaktion (Neusser Straße 3, 8000 München 40) durch Berichtigungen und Verbesserungsvorschläge für künftige Auflagen zu unterstützen.

Karl Baedeker Verlag

INHALT

PRAKTISCHE ANGABEN VON A–Z

An- und Abreise
Hannover liegt in unmittelbarer Nähe der Kreuzung der Autobahnen Berlin–Köln und Hamburg–Basel. Fünf Auf- bzw. Abfahrten befinden sich im Stadtgebiet. Die Europastraßen A 7/E 45 und A 2/E 30 sowie die Bundesstraßen 3, 6, 65, 217, 441 und 443 führen durch die Stadt.
→ Bahnhof und Bahnreise → Flughafen und Flugreise.

Auskunft
Hannover Information/Tourist-Information, Ernst-August-Platz 2 (am Hauptbahnhof), Tel. 30 14 20/22, Fax 30 14 14. Geöffnet Mo–Fr 8.30–18 Uhr, Sa 8.30–14 Uhr. Auskünfte aller Art über die Stadt und ihre Umgebung, Prospekte, Kartenvorverkauf, Hotelvermittlung, Stadtführungen.
Zimmervorbestellungen nur schriftlich oder per Fax an das Amt für Fremdenverkehrs- und Kongreßwesen, Friedrichswall 5, Tel. 1 68-31 45, Mo–Fr 8–15 Uhr, Fax 1 68-62 72. Dort auch Auskünfte über *Tagungen* und *Kongresse*. Für *Messefragen* ist die Deutsche Messe- und Ausstellungs AG, Messegelände, Tel. 89-0, zuständig. An jedem Ersten des Monats erscheint die *Informationsschrift* „Hannover-Vorschau" – Veranstaltungen in der Landeshauptstadt (Redaktion: Friedrichswall 5, Tel. 1 68-43 96).

Autovermietung
Autohansa, Theaterstr. 4–5, Tel 32 64 65; Flughafen, Tel. 7 30 54 63. *Avis,* Am Klagesmarkt 22, Tel. 1 44 41; Flughafen, Tel. 77 20 81. *Europa-Service Georg Heckerott,* Hamburger Allee 37, Tel. 31 35 31. *Hertz,* Rundestr. 2/Rückseite Hauptbahnhof, Tel. 31 40 36/37; Flughafen, Tel. 77 90 41. *Hoffmann,* Lister Damm 12c, Tel. 66 30 87. *interRent/Europcar,* Osterstr. 55, Tel. 36 37 05; Flughafen, Tel. 73 60 98. *UniRent,* Hildesheimer Str. 111A, Tel. 80 54 44. *Wahl,* Vahrenwalder Str. 207, Tel. 63 14 15.

Bäder
Anderter Bad, Eisteichweg 7, Tel. 52 25 27, Schwimmhalle. *Fössebad,* Liepmannstr. 7, Tel. 1 68-42 63, kombiniertes Hallen- und Freibad, Sauna. *Hainhölzer Bad,* Voltmerstr. 56, Tel. 1 68-36 10, Freibad. *Kleefelder Bad* (Annabad), Haubergstr. 17, Tel. 168-88 38, beheiztes Freibad. *Lister Bad,* Am Lister Bad 1, Tel. 168-8265, beheiztes Freibad. *Misburger Bad,* Ludwig-Jahn-Str. 1,

Tel. 58 65-2 79, Schwimmhalle, Sauna, Freibad. *Nord-Ost-Bad,* Podbielskistr. 301, Tel. 1 68-83 00, modernes Hallenbad, Sauna. *Ricklinger Bad,* Kneippweg 25, Tel. 1 68-87 80, Freibad. *Stadionbad* im Sportpark, Arthur-Menge-Ufer 5a, Tel. 1 68-54 11, modernes Hallenbad, Sauna. *Stöckener Bad,* Mecklenheidestraße (Stöcken), Tel. 1 68-71 35, Schwimmhalle, Freibad, Sauna. *Strandbad Maschsee,* Südufer, Tel. 83 69 01, Freibad. *Vahrenwalder Bad,* Vahrenwalder Str. 100, Tel. 1 68-46 29, Schwimmhalle, Sauna.

Bahnhof und Bahnreise
Hannover ist ein Knotenpunkt im ICE-, Eurocity- und Intercity-Netz der Deutschen Bundesbahn. Auf dem Hauptbahnhof (mit Hotel, Restaurant und Wechselstube) in der Stadtmitte halten alle Züge, die Hannover berühren. Reisezugauskunft Tel. 1 94 19. Außerdem liegen im Stadtgebiet neun weitere Bahnhöfe für den Vorortverkehr. Ein dichtes Nahverkehrsnetz verbindet die 55 Bahnhöfe des Großraums Hannover. Bundesbahndirektion, Joachimstr. 8, Tel. 12 81.

Behinderteninformation
Behindertenzentrum Hannover, Lathusenstr. 20, Tel. 55 50 81; Behinderten-Fahrdienst, Tel. 71 60 60.

Bibliotheken
Niedersächsische Landesbibliothek, Waterloostr. 8, Tel. 12 67-0. *Bibliothek der Medizinischen Hochschule,* Hannover-Kleefeld, Konstanty-Gutschow-Str. 8, Tel. 5 32-33 28. *Stadtbibliothek,* Hildesheimer Str. 12, Tel. 1 68-21 69 und 1 68-21 60; Stadtbüchereien in vielen Stadtteilen. *Bibliothek der Tierärztlichen Hochschule,* Bischofsholer Damm 15, Tel. 8 56-74 64. *Universitätsbibliothek und Technische Informationsbibliothek,* Welfengarten 1B, Tel. 7 62 22 68.

Bücher, Schallplatten und Karten über Hannover (Auswahl)

Bildbände: Giesel: Hannover, Fackelträger. Häußermann: Hannover, Porträt einer Landeshauptstadt, Fackelträger. Hausmann: Hannover an der Leine, Schlütersche. Hausmann: Treffpunkt Hannover, Schlütersche. Hofer/Anger/Teschemacher: Hannover, Sponholtz. Mahramzadeh: Hannover live, Sponholtz. Röhrbein: Hannover, so wie es war, Droste. Zankl: Hannover in alten Ansichtskarten, 2 Bde., Flechsig. Zimmermann: Karl Hapke, der Maler Alt-Hannovers, Sponholtz.

Allgemeines und Geschichte: Dittrich/Rieke-Müller: Ein Garten für Menschen und Tiere, 125 Jahre Zoo Hannover, Grütter. v. Frankenstein: Hannover in alten und neuen Reisebeschreibungen, Droste. Hammer: Oper in Hannover, Schlütersche. Johaentges/

Iwannek: Unter Hannovers Dächern, KaJo. Keller: MERIAN Hannover, Hoffmann & Campe. – Mlynek/Röhrbein: Hannover Chronik, Schlütersche. Mlynek/Röhrbein: Schlütersche. Müller: Leben im altenHannover, Schlütersche. Müller: Leben in der Residenzstadt Hannover, Schlütersche. Partzsch: Klapas buntes Hannover, Leuenhagen & Paris. Rischbieter: Hannoversches Lesebuch, 2 Bde., Schlütersche. Röhrbein: Der Maschsee in Hannover, Schlütersche. Sillium: Hannover, die Stadt und ihre Wirtschaft, Verlag Kommunikation & Wirtschaft. Steinweg: Das Rathaus in Hannover, Schlütersche. Zimmermann: Hannover, Geschichte unserer Stadt, Harenberg-Labs. Zimmermann: Das Große Hannoversche Schützenbuch, Schlütersche. Zimmermann: Hannoversche Porträts, 2 Bde., Harenberg-Labs. Zimmermann: Streifzüge durch Hannovers Geschichte (1. Vom Kröpcke bis zum Ihmeufer, 2. Zwischen Maschsee und Eilenriede, 3. Vom Steintor bis nach Herrenhausen, 4. Linden, vom Bauerndorf zum Ihmezentrum, 5. Zwischen Eilenriede und Kronsberg, 6. Von Anderten nach Stökken), Harenberg-Labs. Zimmermann: Von Broyhan bis Schwitters, Harenberg-Labs. Zimmermann: Die Straßennamen der Landeshauptstadt Hannover, Hahnsche Buchhandlung. Zur Nedden: Hannover ehemals, gestern und heute, Steinkopf.

Architektur und Kunst: Ertel/Roesener: Hannoversches Brunnenbuch, Fackelträger. Hammer-Schenk/Kokkelink: Laves und Hannover, Th. Schäfer. Linnewedel: Der Königliche Garten zu Herrenhausen, Schlütersche. Meckseper: Das Leibnizhaus in Hannover, Schlütersche. Schrader: Der Große Garten zu Herrenhausen, Schlütersche. Stadt Hannover, Denkmalstopographie, 2 Teile. Zerull/Johaentges: Straßenkunst in Hannover, Th. Schäfer. Zimmermann: Hannover in der Tasche, Bauten und Denkmäler von A–Z, Feesche.

Schallplatten: Von den vor allem bei Leuenhagen & Paris herausgekommenen Schallplatten und CDs hannoverscher Orchester und Musikkorps sind besonders die Doppel-CD „Festliches Herrenhausen“, die CD „Hannover und Posen“ und das „Starporträt Ernst Müller“ hervorzuheben.

Karten: Stadtkarte Hannover, 1:20 000, Stadtvermessungsamt. Falk-Plan Hannover, 1:8500 bis 1:34 000. Stadtplan Hannover, 1:28 500, Machhold Verlag. Faltplan Landeshauptstadt Hannover, 1:10 000, Verwaltungs-Verlag München. Weitere Karten und Kartenwerke wurden vom Stadtvermessungsamt herausgegeben und sind zu erwerben im Stadtvermessungsamt, Friedrichswall 4 (Bauverwaltung neben dem Rathaus), Tel. 1 68 22 77.

Cafés und Konditoreien (Auswahl)
Altstadt Café, Kramerstr. 4, Tel. 32 03 77. *Mövenpick Café Kröpcke,* Georgstr. 35, Tel. 32 62 85. *Café-Restaurant an der Marktkirche,* Tel. 32 68 49. *Café Casa Nova,* Am Markt 12, Tel. 32 15 71. *Holländische Kakaostube Friedrich Bartels,* Ständehausstr. 2/3, Tel. 32 07 70. Konditorei und Café *Kreipe,* Bahnhofstr. 12, Tel. 32 37 55. *Maritim Restaurants* am Maschsee, Arthur-Menge-Ufer 3, Tel. 88 40 57. *Stadt-Café,* Grupenstr. 2, Tel. 3 63 12 74.

Campingplätze
Arnumer See, Hemmingen, Tel. 0 51 01/35 34. *Birkensee,* Laatzen, Tel. 52 99 62. *Blauer See,* Garbsen, Tel. 0 51 37/7 10 21. *Parksee Lohne,* Altwarmbüchen, Tel. 0 51 39/8 82 60.

Einkaufen
Nahezu alle großen Kaufhäuser findet man in der Stadtmitte an der Bahnhofstraße, der Georgstraße und der Osterstraße. Geschäfte jeder Art ergänzen das Angebot, vor allem im Fußgängerbereich zwischen dem Ernst-August-Platz und der Schmiedestraße und beiderseits des Kröpcke. Außerdem hat jeder Stadtteil „seine" Einkaufsstraße, oft mit stadtbekannten Spezialgeschäften.

Souvenirs: Typische „Hannover-Andenken" gibt es nicht, aber man findet doch über das in allen Städten Übliche hinaus charakteristische Erzeugnisse hannoverscher Firmen (Bahlsen-Gebäck, Sprengel-Schokolade, Most-Pralinen, Pelikan-Schreibwaren) oder Bücher und Schallplatten aus und über Hannover.

Essen und Trinken
Die hannoversche Küche hat starke Anklänge an die norddeutsche Küche. Ein typisch bodenständiges Gericht ist im Winter „Braunkohl mit Brägenwurst". In den November fällt die Zeit der „Wurstessen" mit der hannoverschen Schlachteplatte, einer Zusammenstellung von Fleisch- und Wurstwaren, wie sie bei der immer seltener werdenden Hausschlachtung üblich ist. Dazu trinkt man Bier mit einem „Klaren", wie man hier den Kornschnaps nennt. Nationalgetränk, besonders zum Schützenfest, ist die „Lüttje Lage", bestehend aus obergärigem Braunbier und Korn, die aus Spezialgläsern getrunken wird. In einigen Lokalen der Altstadt wird dieses Getränk das ganze Jahr über angeboten. – Hannover ist eine Bierstadt mit Tradition. Die brauberechtigten Bürger bildeten die Brauergilde, aus der die Gilde-Bräu AG hervorging. Daneben brauen die Brauerei Herrenhausen und die Brauerei Wülfel Biere verschiedener Geschmacksrichtungen, ebenso wie die Hausbierbrauereien Roneburg, Königsworther Str. 27, Tel. 1 30 06, und Brauhaus Ernst

August, Schmiedestr. 13, Tel. 30 60 30, wo der Gerstensaft auch gleich verkostet werden kann.

Fahrrad

Außerhalb der Innenstadt hat Hannover ein Netz von etwa 150 km ausgebauten und durch bestimmte Wegezeichen markierten Radwanderwegen, über das ein von der Landeshauptstadt herausgegebenes Faltblatt „Radwanderwege durch Hannover" unterrichtet. Im Buchhandel und in der Hannover Information gibt es ferner eine Radwegekarte der Stadt Hannover (1:20 000) und die Radwanderkarten des Niedersächsischen Landesverwaltungsamts (1:75 000). Die Firma Erich Möller, Lavesstr. 71, Tel. 32 23 78, und die Werkstatt Treff Vahrenheide, Tel. 63 32 93, vermieten tageweise Fahrräder.

Flughafen und Flugreise

Der Flughafen Hannover-Langenhagen, Tel. 97 71-5 32 (Fluggastinformation Tel. 97 71-2 24) liegt 10 km nördlich des Stadtzentrums und ist ein Verkehrs- und Sportflughafen für alle Flugzeuggrößen. Vom Hauptbahnhof (City Air Terminal) verkehren alle 20 Min., ab 19–23 Uhr alle 30 Min., Sa und So bis 23 Uhr alle 30 Min. Zubringerbusse (Fahrzeit ca. 20 Min., erste Abfahrt Mo–Fr 5.20, Sa und So 6 Uhr). Linienbus von und nach Langenhagen mit Anschluß an Stadtbahn (Linie 8), Taxi und Flughafentransfer. Parkhaus am Flughafen vorhanden. Besichtigungen sind möglich (Anmeldung unter Tel. 9 77-13 53). Rundflüge nach Bedarf täglich um 11 Uhr. Information Aerowest Tel. 9 77-25 51 und Charterpool Tel. 9 77-24 84.

Fundbüros

Städtisches Fundbüro, Herrenstr. 11, Tel. 1 68-24 57; *Fundbüro der Bundesbahn,* Kurt-Schumacher-Str. 12, Tel. 1 28-54 97; *Fundbüro der Straßenbahn,* Raschplatz/Durchgang Passerelle (ZOB), Tel. 16 68-2 39.

Galerien (Auswahl)

Artform, Ballhofstr. 8, Tel. 3 63 22 00; *Galerie der Aquarelle,* Rükkertstr. 1, Tel. 1 53 85; *Barz,* Bertramstr. 4A, Tel. 3 50 29 33; *Ikonengalerie Helmut Brenske,* Machandelweg 11, Tel. 63 36 67; *Keramik-Galerie Böwig,* Friedrichstr. 2A/ Am Rathaus, Tel. 81 55 25; *Kunstantiquariat H.-J. Bauer,* Burgstr. 25, Tel. 32 44 85; *GEDOK,* Odeonstr. 2, Tel. 13 14 04; *Handwerksforum Hannover,* Berliner Allee 17, Tel. 34 34 79; *Koch,* Königstr. 50, Tel. 34 20 06; *kö 24,* Königsworther Str. 24, Tel. 1 77 83; *Christoph Kühl,* Kaiser-Wilhelm-Str. 1, Tel. 52 37 51; *Galerie im Künstlerhaus,* Sophienstr. 2, Tel. 32 38 20; *M. Marika Marghescu,* Am Maschpark/Langensalzastr. 5, Tel. 88 19 18; *Sandmann + Haak,* Theodor-Lessing-Platz 3, Tel. 32 48 03; *Stula,* Wiesenstr. 24, Tel. 88 53 14.

Hotels

In Hannover und seiner näheren Umgebung stehen rund 100 Hotels, Pensionen und Gasthöfe mit mehr als 5000 Betten zur Verfügung. Zimmervermittlung und Zimmervorbestellung → Auskunft S. 9. Wir nennen eine Auswahl bewährter Häuser. Die hochgestellte Ziffer hinter dem Hotelnamen bezeichnet die Preiskategorie: Hotel[1] über 150 DM, Hotel[2] zwischen 80 und 150 DM, Hotel[3] unter 80 DM für ein Einbett-Zimmer incl. Frühstück, Bedienung und MwSt. Besondere Qualitäten sind durch * hervorgehoben.

Im Zentrum:

**Hotel Inter-Continental Hannover*[1], Friedrichswall 11, Tel. 3 67 70, 540 B.; **Schweizerhof*[1], Hinüberstr. 6, Tel. 3 49 50, 275 B.; **Maritim Hotel Hannover*[1], Hildesheimer Str. 34–40, Tel. 1 65 31, 560 B.; **Kastens Hotel Luisenhof*[1], Luisenstr. 1–3, Tel. 3 04 40, 250 B.; **Quality Inn Hotel Plaza*[1], Fernroder Str. 9, Tel. 33 88-0, 149 B.; *Hotel am Leineschloß*[1] (garni), Am Markte 12, Tel. 32 71 45, 94 B.; *Grand Hotel Mußmann*[1], Ernst-August-Platz 7, Tel. 32 79 71, 164 B.; *Central-Hotel Kaiserhof*[2], Ernst-August-Platz 4, Tel. 36 83-0, 116 B.; *Hotel Mercure*[2], Am Maschpark 3, Tel. 80 08-0, 220 B.; *Intercity Hotel Hannover*[2], Ernst-August-Platz 1, Tel. 32 74 61, 94 B.; *Loccumer Hof*[2], Kurt-Schumacher-Str. 16, Tel. 1 26 40, 101 B.; *Hotel Körner*[2], Körnerstr. 24–25, Tel. 16 36-0, 137 B.; *Hotel am Rathaus*[2], Friedrichswall 21, Tel. 32 62 68, 81 B.; *City-Hotel*[3], Limburgstr. 3, Tel. 32 66 81, 50 B.; *Thüringer Hof*[3], Osterstr. 37, Tel. 32 64 37, 71 B.; *Hotel Alpha Tirol*[3], Lange Laube 20, Tel. 13 10 66, 21 B.; *Hotel am Thielenplatz*[3], Thielenplatz 2, Tel. 32 76 91, 182 B.; *Hotel Gildehof*[3], Joachimstr. 6, Tel. 36 36 80, 63 B.; *Hospiz am Bahnhof*[3], Joachimstr. 2, Tel. 32 42 97, 54 B.; *Hotel Atlanta*[3], Hinüberstr. 1, Tel. 34 29 39, 56 B.; *Hotel-Pension Flora*[3], Heinrichstr. 36, Tel. 34 23 34, 35 B.; *Hotel-Pension Schwab*[3], Sedanstr. 20, Tel. 34 55 69, 17 B.; *Hotel-Pension Schönberg*[3], Hohenzollernstr. 43, Tel. 31 31 64, 20 B.; *Hotel-Pension Reverey*[3], Aegidiendamm 8, Tel. 88 37 11, 23 B.

Im Norden:

**Holiday Inn*[1], Langenhagen, Petzelstr. 60, Tel. 77 07-0, 355 B.; *Hotel Vahrenwald*[2], Vahrenwalder Str. 205, Tel. 63 30 77, 40 B.; *Parkhotel Welfenhof*[2], Prüssentrift 85–87, Tel. 6 54 06, 200 B.; *Vahrenwalder Hotel*[3], Vahrenwalder Str. 181, Tel. 35 80 60, 65 B.; *Hotel-Pension Sparkuhl*[3], Hischestr. 4, Tel. 3 50 23 33, 36 B.

Im Westen:

Hotel Georgenhof[2], Herrenhäuser Kirchweg 20, Tel. 70 22 44, 20 B.; *Hotel Berlin*[2], Hemmingen, Berliner Str. 4, Tel. 42 30 14, 60 B.;

Hotel Böttcher[3], Alte Herrenhäuser Straße 36, Tel. 79 30 19, 29 B.; *Hotel zur Post*[3], Hemmingen, Dorfstr. 63, Tel. 42 35 61, 91 B.

Im Süden:
**Landhaus Ammann*[1], Hildesheimer Str. 185, Tel. 83 08 18, 30 B.; *Parkhotel Kronsberg*[1], Laatzener Str. 18, Tel. 86 10 86, 215 B.; *Hotel Haase*[2], Laatzen 1, Am Thie 4, Tel. 82 10 41, 50 B.; *Hotel Eden*[3], Waldhausenstr. 30, Tel. 83 04 30, 32 B.; *Hotel Hubertus*[3], Adolf-Ey-Str. 11, Tel. 98 49 70, 26 B.

Im Osten:
**Congress-Hotel am Stadtpark*[2], Clausewitzstr. 6, Tel. 2 80 50, 355 B.; **Queens Hotel am Tiergarten*[2], Tiergartenstr. 117, Tel. 5 10 30, 181 B.; *Hotel Vier Grenzen*[2], Podbielskistr. 98, Tel. 62 30 61, 44 B.; *Hotel Grünewald*[2], Grünewaldstr. 28, Tel. 69 50 41, 44 B.; *Hotel Föhrenhof*[2], Kirchhorster Str. 22, Tel. 6 17 21, 140 B.; *Hotel Waldersee*[2], Walderseestr. 39, Tel. 69 80 63, 46 B.

Jahreskalender

März	Hannover-Messe CeBIT
März/April	Frühlingsfest
April	Hannover-Messe INDUSTRIE
	Kunst- und Antiquitäten-Messe in Herrenhausen
April–September	Lichterfeste in Herrenhausen
Juni–August	Musik und Theater in Herrenhausen
	Festwoche in Herrenhausen
Juli	Schützenfest
Juli–August	Maschseetage
August	Altstadtfest
Oktober	Oktoberfest
Dezember	Weihnachtsmarkt rund um die Marktkirche

Jugendherbergen
Ferdinand-Wilhelm-Fricke-Weg 1, Tel. 1 31 76 74; Stadtheim des T.V. Die Naturfreunde, Hermann-Bahlsen-Allee 8, Tel. 69 14 93.

Kartenvorverkauf
Neben den jeweiligen Theaterkassen, der Hannover Information, Tel. 30 14 33, der Hannoverschen Allgemeinen Zeitung (Anzeiger-Hochhaus, Goseriede 9, Tel. 5 18-14 14): *Laporte,* Windmühlenstr., Tel. 32 92 22 sowie *Kartenshop Hannover,* Georgstr. 36, Tel. 32 72 44.

Kinder

Öffentliche Spielplätze gibt es in allen Stadtteilen und den meisten Grünanlagen. Besondere Attraktionen für Kinder sind die Streichelwiese im Zoo, der Tiergarten und das Wilhelm-Busch-Museum. Das Historische Museum bietet Führungen für Kinder an.

Konzerte

Neben den Konzerten des Niedersächsischen Staatsorchesters im Opernhaus finden die großen Konzerte im Kuppelsaal, Beethovensaal, in der Niedersachsenhalle und Eilenriedehalle, der Stadthalle und im Funkhaus Hannover (Kleiner und Großer Sendesaal) am Maschsee statt; weitere Konzerträume in der Staatlichen Hochschule für Musik und Theater, Emmichplatz, in den Freizeitheimen und im Jazz-Club, Am Lindener Berge 28. – Während der Sommermonate Konzerte in der Galerie Herrenhausen und Matineen im Gartentheater, außerdem von Mai bis September jeden Sonntag von 11–12 Uhr Platzkonzerte am Nordufer des Maschsees.
→ Kartenvorverkauf.

Kulturinstitute

Amerika-Haus, Prinzenstr. 4, Tel. 32 72 84; *Casa de España,* Bödekerstr. 22, Tel. 34 51 99; *Institut Français,* Theaterstr. 14, Tel. 32 23 33; *Stiftung Volkswagenwerk,* Kastanienallee 35, Tel. 8 38 10.

Märkte

Hannovers bekanntester *Wochenmarkt* findet jeden Di, Do und Sa von 8–13 Uhr auf dem Klagesmarkt statt. Die Markthalle in der Karmarschstraße/Nähe Altes Rathaus lohnt wegen ihrer vielseitigen Angebote und ihrer südländisch anmutenden Atmosphäre einen Besuch (werktags 7–18, Sa 7–13 Uhr). Außerdem gibt es 25 weitere Wochenmärkte in den einzelnen Stadtteilen. Jeden Sa findet von 7–16 Uhr ein *Flohmarkt* am Hohen Ufer statt.

Nachtleben

Inter-Conti-Bar, Friedrichswall 11, Tel. 3 67 70; *Sonderbar,* im Holiday Inn am Flughafen, Tel. 7 70 70; *Maritim Lounge,* Hildesheimerstr. 34–40, Tel. 1 65 31; *Tanz-Treff,* Bahnhofstr. 8, Tel. 32 32 52; *La Fontaine,* Prinzenstr. 8, Tel. 32 20 78; *Les Ballhaus Sophie,* Königstr. 12, Tel. 34 54 38; *Capitol,* Schwarzer Bär 2, Tel. 44 40 66; *Kanapee,* Edenstr. 1, Tel. 3 48 17 17. → Spielbank.

Notdienste

Notruf 110, Feuerwehr und Rettungsdienst 112; Ärztlicher Notdienst 31 40 44; Notfallsprechstunde im Ärztehaus, Tel. 3 49 46; Zahnärztlicher Notdienst 31 10 31; Apotheken-Notdienst 11 41; Behinderten-Fahrdienst 71 60 60; Krankentransporte/Rettungsleitstelle 1 92 22; Kriminalpolizeiliche Beratung 3 10 20/1 09 62 83; Polizeidirektion, Hardenbergstr. 1, Tel. 1 09-0. → Pannenhilfe.

Öffentliche Verkehrsmittel

Im Großraum Hannover sind alle öffentlichen und zwei private Verkehrsträger zu einem Verkehrsverbund mit einem Einheitstarif (zwei Preisstufen) zusammengeschlossen. Die Stadtbahnlinien (in der Innenstadt zum Teil unterirdisch) werden durch ein weitverzweigtes Omnibusnetz ergänzt. An den Endpunkten der Stadtbahn moderne Umsteigeanlagen zu den Anschluß-Buslinien. Die Busse bedienen auch die 55 Bahnhöfe des Großraums Hannover. Im Großraumverkehr gibt es ermäßigte Sammelkarten, 24-Stunden-Netzkarten und Liniennetzpläne, die an vielen Verkaufsstellen und in der Hannover Information erhältlich sind.

Öffnungszeiten

Fürstenhaus Herrenhausen-Museum (→ S. 65), Alte Herrenhäuser Str. 14, Tel. 75 09 47. Okt.–März täglich 10–17, April–Sept. 10–18 Uhr. Mo geschlossen. Kunstwerke der königlich-hannoverschen-englischen Geschichte aus verschiedenen Schlössern der Welfen.

Historisches Museum am Hohen Ufer (→ S. 52), Pferdestr. 6/Eingang Burgstr., Tel. 1 68-30 52. Di 10–20, Mi–Fr 10–16, Sa und So 10–18 Uhr. Abteilungen für Stadtgeschichte, Landesgeschichte und Volkskunde.

Kestner-Museum (→ S. 40), Trammplatz 3, Tel. 1 68-27 30. Di, Do und Fr 10–16, Mi bis 20, Sa und So 10–18 Uhr. Abteilungen für ägyptische Kunst, antike und mittelalterliche Kunst sowie Kunstgewerbe bis zum 20. Jh., Münzen und Medaillen.

Niedersächsisches Landesmuseum Hannover (→ S. 42), Am Maschpark 5, Tel. 88 30 51/53. Di–So 10–17, Do 10–19 Uhr. Abteilungen für Naturkunde, Völkerkunde und Urgeschichte.

Postgeschichtliche Sammlung (→ S. 72), Zeppelinstr. 8, Tel. 1 27-44 57. Mo, Mi und Fr 10–13 Uhr. Urkunden, Briefe, Uniformen, Telefone und Briefmarken aus Hannovers Postgeschichte.

Sprengel Museum Hannover (→ S. 43), Kurt-Schwitters-Platz, Tel. 1 68-38 75. Mi–So 10–18, Di 10–22 Uhr. Moderne Kunst.

Theatermuseum (→ S. 37) im Schauspielhaus Prinzenstr. 9. Di 10–20, Mi–Fr 10–18, Sa, So 10–14 Uhr. Geschichte des Theaters vom 17. Jh. bis zur Gegenwart.

Veterinärmedizinhistorisches Museum (→ S. 72), Bischofsholer Damm 15, Tel. 8 56-75 03. Di–Do 10–16 Uhr. Instrumente, Bücher, Dokumente und Bilder aus der tierärztlichen Praxis, Verwaltung und Lehre, besonders ab Mitte des 18. Jhs.

Wilhelm-Busch-Museum. Deutsches Museum für Karikatur und kritische Grafik (→ S. 58), Georgengarten 1, Tel. 71 40 76. Di–So 10–17 Uhr. Werk Wilhelm Buschs mit Gemälden, Zeichnungen, Bildergeschichten, Erinnerungsstücken, Sammlung „kritische Grafik“, Zille-Sammlung.

Großer Garten Herrenhausen (→ S. 61), Herrenhäuser Straße. Im Sommer 8–19 Uhr, sonst von 9 Uhr bis zum Einbruch der Dunkelheit. Wasserspiele April–Sept. Mo–Fr 11–12.30 und 15–17.30 Uhr, Sa, So und feiertags 11–13 und 15–18 Uhr. Mai–Sept. „Musik und Theater in Herrenhausen“ (Konzerte, Theater, Lichterfeste). Illuminationen (→ S. 64) im Sommer nach jeder Abendveranstaltung und Mi–So nach Einbruch der Dunkelheit (mit Barockmusik). Besichtigung der Technik der Wasserkunst Herrenhausen zwischen Mai und Okt. jeden Mi 18–19 Uhr.

Berggarten Herrenhausen (→ S. 65) gegenüber dem Großen Garten, mit Schauhäusern; geöffnet 8–18.30 Uhr. *Georgengarten und Herrenhäuser Allee* können jederzeit besucht werden.

Eisenbahn-Ausstellung (→ S. 35) Joachimstr. 8, Tel. 128-42 92. Jeden 1. Sa im Monat 10–14 Uhr. Historische Stellwerkseinrichtungen, Uniformen, moderne Verkaufs- und Modellanlagen.

Leibnizhaus (→ S. 53), Holzmarkt 5. So 10–13 und 13.30–18 Uhr. Ständige Ausstellung mit Schriften, Bildern und Gegenständen von Gottfried Wilhelm von Leibniz.

Rathaus (→ S. 39), Trammplatz 2, Tel. 1 68-53 33. Führungen mit Auffahrt zur Kuppel. Stadtmodelle von 1689, 1939, 1945 und der Gegenwart. April–Okt. tägl. 10–17 Uhr.

Zoo (→ S. 70), Adenauerallee 3, Tel. 28 07 40. Mai–Aug. 8–18.30, März/April und Sept./Okt. 8–17, an Wochenenden 8–18.30, Nov.–Feb. 8–16.30 Uhr.

Kunstausstellungen gibt es auch regelmäßig im *Kunstverein Hannover,* Sophienstr. 2, Tel. 32 45 94 und in der *Kestner-Gesellschaft,* Warmbüchenstr. 16, Tel. 32 70 81.

Pannenhilfe

ACE, Otto-Brenner-Str. 1, Tel. 1 92 16. *ADAC,* Hindenburgstr. 37, Tel. 1 92 11.

Parken

Für das Auffinden freier Parkplätze in 14 Parkhäusern und Tiefgaragen der Innenstadt gibt es ein Park-Leitsystem. Hier eine Auswahl (Stellplätze in Klammern): *Raschplatz* (2400); *Parkhaus Mehlstr.* (680); *Parkhaus Schmiedestr.* (571); *Parkhaus Windmüh-*

lenstr. (466); *Parkhaus Röselerstr.* (405). *Tiefgarage Raschplatz* (750); *Tiefgarage Opernplatz* (516); *Tiefgarage Kaufhof* (300), Schillerstr.; *Tiefgarage am Hotel Inter-Continental* (300), Friedrichswall. Park-and-ride-System an den verkaufsoffenen Samstagen ab Schützenplatz, Buszubringer in die Innenstadt.

Post

Hauptpostamt, Ernst-August-Platz 2, Tel. 36 90. Geöffnet täglich 7–22 Uhr. *Oberpostdirektion Hannover,* Zeppelinstr. 24, Tel. 28 70. Münzfernsprecher für internationalen Verkehr in allen Stadtteilen, zum Teil mit Rückrufmöglichkeit.
Postleitzahl: 3000; *Telefonvorwahl:* 05 11.

Restaurants (Auswahl)

Innenstadt:

Brunnenhof im Central-Hotel, Am Hauptbahnhof, Tel. 3 68 31 19. *Gaststätte im Leineschloß,* Hinrich-Wilhelm-Kopf-Platz 1, Tel. 32 03 32. *Mandarin-Pavillon,* Marktstr. 45, Tel. 30 66 30. *Mövenpick Café Kröpcke,* Georgstr. 35, Tel. 32 62 85. *L'Adresse* im Hotel Inter-Continental, Friedrichswall 11, Tel. 3 67 70. *Ratskeller,* Schmiedestr., Altes Rathaus, Tel. 36 36 44. *Rôtisserie Helvetia,* Georgsplatz 11, Tel. 30 10 00. *Maritim Restaurants* am Maschsee, Arthur-Menge-Ufer 3, Tel. 88 40 57. In der Altstadt gibt es an neuen und originellen Gaststätten sicherlich einiges zu entdecken. Wir nennen: *Altstadt,* Knochenhauerstr. 42, Tel. 32 87 32. *Brauhaus Ernst August,* Schmiedestr. 13, Tel. 30 60 30. *Broyhan-Haus,* Kramerstr. 24, Tel. 32 39 19. *Museumsstübchen,* Burgstr. 31, Tel. 30 64 16.

Im Osten:

Alte Mühle, Hermann-Löns-Park 3, Tel. 55 94 80. *Parkrestaurant* in der Stadthalle, Theodor-Heuss-Platz 1, Tel. 8 11 32 08.

Im Westen: *Georgenhof,* Herrenhäuser Kirchweg 20, Tel. 70 22 44. *Spätzle Haus,* Hegebläch 33, Tel. 79 54 33.

Im Süden:

China Restaurant Tai-Pai, Hildesheimer Str. 73, Tel. 88 52 30. *Fritz Wichmann,* Hildesheimer Str. 230, Tel. 83 16 71.

Vegetarische Gaststätten: „Bei Hiller", Blumenstr. 3, Tel. 32 12 88. Schmelz, Karmarschstr. 16, Tel. 32 09 76.

Schiffahrt

Die Maschsee-Motorboote verkehren zwischen April und Oktober. Route: Nordufer – Westanleger/Fährhaus – Ostanleger/Altenbekener Damm – Maschseequelle – Südufer/Strandbad – Ostanleger/

Altenbekener Damm – Westanleger/Fährhaus – Stadion – Nordufer. Zu- und Aussteigen an jedem Anlegeplatz möglich. Der Betreiber der Maschsee-Motorboote, die ÜSTRA, veranstaltet auch Sonderfahrten. Außerdem führt das Privatunternehmen Elke Hohmann, Gustav-Bratke-Allee 4A, gelegentlich Gruppenfahrten vom Anleger an der Ihmebrücke auf Ihme, Leine und Mittellandkanal durch. Tel. 1 40 64 und (0 51 37) 41 17.

Spielbank

Die Niedersächsische Spielbank unterhält das *Casino am Maschsee,* Arthur-Menge-Ufer 3, Tel. 80 01 17 (geöffnet ab 15 Uhr; Restaurant, Bar) und das sog. *Kleine Spiel,* Kurt-Schumacher-Straße/Ecke Kanalstraße, Tel. 16 38 30. Es können u. a. die internationalen Glücksspiele Roulette, Black Jack und Baccara gespielt werden.

Sport

Zentrale Sportanlagen im Sportpark am Maschsee: Sporthalle (6000 Pl.), Ferdinand-Wilhelm-Fricke-Weg 8, Tel. 1 68-42 15. Niedersachsen-Stadion (60 000 Pl.), Mehrkampfanlage, Stadionbad, Bundesleistungszentrum Nord. Eilenriede-Stadion (21 000 Pl.), Theodor-Heuss-Platz 4, Tel. 1 68-42 79. *Bäder* → S. 9.

Eislauf: Eisstadion am Pferdeturm, Am Pferdeturm 7, Tel. 55 58 68. Eis- und Rollsport-Club, Großer Kolonnenweg 27, Tel. 63 67 27.

Golf: Golfplatz mit 18 Löchern am Blauen See, Garbsen, Tel. 0 51 37/7 32 35.

Kegelbahnen: City Bowling Kegel Center, Lister Meile 1 D, Tel. 31 17 17. Kaiser-Kegeln, Fischerhof 1, Tel. 44 44 99.

Radsport: Radrennbahn, Wilkenburger Str. 16, Tel. 86 11 11.

Reiten: Reiterverein Hannover, Reiterstadion, Am Jagdstall 25, Tel. 63 22 80. Pferderennbahn „Neue Bult“, Langenhagen, Tel. 73 70 68.

Rugby: Hannover gilt als Rugby-Hochburg. Rugby-Plätze vor allem in Linden und Ricklingen.

Schießen: Schießsportanlage, Wilkenburger Str. 30, Tel. 1 68-91 45, auch Tontauben- und Bogenschießen. Zahlreiche Schützenvereine.

Tennis: Zahlreiche Plätze in vielen Stadtteilen. Tennis im Sportpark, Ferdinand-Wilhelm-Fricke-Weg 4, Tel. 1 31 99 99. Deutscher Tennisverein Hannover, Theodor-Heuss-Platz 6, Tel. 81 23 62. Hannoverscher Tennisverein, Bonner Str. 12, Tel. 88 76 14.

Wassersport: Rudern, Kanufahren, Surfen und Segeln auf dem Maschsee. Dort auch Bootsverleih und Yachtschule.

Stadtrundfahrten

Die Stadrundfahrt beginnt an der Hannover Information, Tel. 30 14 20/22 und zeigt neben den Sehenswürdigkeiten der Innenstadt auch die Herrenhäuser Königsgärten. Anhand der Modelle im Rathaus wird ein Überblick über die Entwicklung Hannovers seit dem Mittelalter gegeben. Die Teilnehmer erhalten außerdem ein Bild vom historischen und vom modernen Hannover. Die Rundfahrten finden jeweils um 13.30 Uhr statt, April–Sept. werktäglich, sonst nur Mi und Sa. Nach vorheriger Anmeldung vermittelt die Hannover Information Busse und Sonderfahrten für Gruppen sowie sprachkundige Gästeführer. – Durch die Innenstadt Hannovers führt ein auf die Gehsteige gemalter „Roter Faden“ von Sehenswürdigkeit zu Sehenswürdigkeit. Einen Prospekt dazu gibt es bei der Hannover Information. In den Sommermonaten findet jeweils am Sonntag vormittag um 11 Uhr ein Rundgang zu speziellen Themen statt. Rundflüge → Flughafen und Flugreise.

Taxi
Taxenstandplätze am Ernst-August-Platz (vor dem Hauptbahnhof) und an vielen Stellen der Stadt. Tel. 21 43, 38 11 und 84 84, außerdem viele Einzelunternehmer.

Theater
Niedersächsische Staatstheater, Schauspielhaus, Opernhaus und Ballhof, Tel. 3 68 17 11. *Theater am Aegi* (Gastspiele), Tel. 88 00 88. *Altes Magazin,* Kestnerstr. 18, Tel. 1 68-62 50; *Neues Theater,* Georgstr. 54, Tel. 36 30 01; *Landesbühne Hannover,* Bultstr. 7–9, Tel. 28 10 23; *Theater im Künstlerhaus,* Sophienstr. 2, Tel. 34 39 19; *Mittwoch-Theater,* Am Lindener Berge 38, Tel. 52 51 83; *rammbaff-theater,* Freizeitheim Linden, Windheimstr. 4, Tel. 2 10 22 67; *Werkstatt-Galerie Calenberg,* Kommandanturstr. 7, Tel. 1 31 75 05; *theaterwerkstatt hannover,* Raschplatz-Pavillon Lister Meile 4, Tel. 34 41 04; *Theater am Küchengarten,* Küchengarten 3/Stephanusstr. 29, Tel. 44 55 85. Während der Sommermonate Musik und Theater in Herrenhausen, Kartenvorbestellung in der Hannover Information, Ernst-August-Platz 2. → Kartenvorverkauf.

Unterkunft → Campingplatz → Hotels → Jugendherberge.

Verkehr → An- und Abreise → Bahnhof und Bahnreise → Flughafen und Flugreise → Öffentliche Verkehrsmittel → Schiffahrt.

Zeitungen
Die *Hannoversche Allgemeine Zeitung* (Nachfolgerin des 1893 gegründeten Hannoverschen Anzeigers) und die *Neue Presse* (1946 als Hannoversche Presse gegründet) erscheinen beide bei der Verlagsgesellschaft Madsack GmbH & Co., Bemeroder Str. 58, 3000 Hannover 71, Tel. 5 18-0.

GESCHICHTE UND GEGENWART

Wappen. Das Stadtwappen zeigt auf rotem Grund eine silberne Mauer mit zwei Türmen, dazwischen einen goldenen Löwen, unter dem Fallgitter im Tor ein grünes Kleeblatt auf goldenem Schild. Als Siegel ist es seit 1266 nachweisbar, mit Kleeblatt (bereits vorher Münzzeichen) erst seit 1534. Seit 1929 hat es seine heutige Form. Die alten Stadtfarben Rot, Gelb und Grün wurden 1897 offiziell durch die Farben Rot und Weiß abgelöst.

Partnerstädte sind Bristol (England) seit 1947, Perpignan (Frankreich) seit 1960, Rouen (Frankreich) seit 1966, Blantyre (Malawi) seit 1967, Poznań/Posen (Polen) seit 1979, Hiroshima (Japan) seit 1983 und Leipzig seit 1987.

Lage und Stadtbild. Hannover (45–118 m) liegt am nördlichen Rand der deutschen Mittelgebirgskette und am südlichen Rand der norddeutschen Tiefebene. Diese verkehrsgeographisch günstige Lage hat Hannovers Geschichte und Entwicklung geprägt: Hier sind die südlichsten Ausläufer der norddeutschen Backsteingotik zu finden, hier standen bis zur Zerstörung im Zweiten Weltkrieg die Traufenhäuser des Südens und die Giebelhäuser des Nordens nebeneinander, hier entstand schon früh ein Markt, auf dem die landwirtschaftlichen Erzeugnisse der Heide und des südlichen Niedersachsen ausgetauscht wurden. Heute ist Hannover das Zentrum Nordwestdeutschlands und politischer, geistiger wie wirtschaftlicher Mittelpunkt Niedersachsens.

Hannover liegt an der Leine, einem Fluß, der im Eichsfeld südlich des Harzes entspringt und bei Grethem in die Aller, einen Nebenfluß der Weser, mündet. Die Länge des Flußlaufes im Stadtgebiet beträgt 25,5 km. Zwischen der Innenstadt und Herrenhausen mündet das aus dem Deister kommende Flüßchen Ihme in die Leine, die bis ungefähr 1850 ab Hannover schiffbar war. 1916 war der Mittellandkanal, der den Rhein mit der Elbe verbindet, bis Hannover fertiggestellt. Im heutigen Stadtgebiet liegen fünf Häfen: der durch einen Stichkanal mit dem Mittellandkanal verbundene Lindener Hafen, der Nordhafen, der Brinker Hafen, der Misburger

Hafen und der Werkshafen der „TEUTONIA Zementwerke AG“. Im Stadtteil Anderten befindet sich die 1928 in Betrieb genommene Hindenburgschleuse, damals die größte Doppelschleuse Europas.

Die Altstadt entstand am östlichen Ufer der Leine auf einem Sandrücken, der bis zum Urstromtal der Leine reichte. Diese floß ursprünglich durch den Raum der jetzigen Eilenriede und wurde erst am Ende der letzten Eiszeit nach Westen abgelenkt. Im Urstromtal der Leine entstanden ausgedehnte Grün- und Waldflächen, die heute als Naherholungsgebiete und als Luftfilter Bedeutung haben. Den schmückenden Beinamen „Großstadt im Grünen“ verdankt Hannover vor allem dem Stadtwald Eilenriede, den Herrenhäuser Gärten und den zahlreichen Grünanlagen zwischen der Innenstadt und den Vororten. Die topographischen Eigenheiten Hannovers führten dazu, daß – im Gegensatz zu den meisten deutschen Großstädten – die bevorzugten Wohngebiete nicht im Westen, sondern im Osten und Südosten liegen.

Die Stadtmitte umfaßt die Altstadt und die Ernst-August-Stadt, die im 19. Jh. zwischen Hauptbahnhof und Altstadt entstand. Zwischen 1859 und 1974 vollzog sich die Eingemeindung der umliegenden Dörfer; 1920 erfolgte die Vereinigung mit der im Westen gelegenen Industriestadt Linden. Da jede Industrie bis 1866 in der Residenzstadt unerwünscht war, kam es in den Außenbezirken, vorwiegend in Linden, zur Ansiedlung von Industriebetrieben. Noch heute gibt es im Innenbezirk keinen Fabrikschornstein.

Durch das ringförmige Wachstum von innen nach außen war der Gesamtverkehr zentral ausgerichtet; alle Stadtbahnlinien berühren auch heute noch den Hauptbahnhof oder den Platz „Kröpcke“. Erst nach dem Zweiten Weltkrieg wurden zwei große Straßenringe mit Zubringern angelegt, die den Durchgangsverkehr um die Stadt herumführen.

Hannovers Einwohnerzahl beträgt etwa 517 000 (1992), im Großraum Hannover (→ S. 24) leben über eine Million Menschen. Fast die Hälfte der Bevölkerung ist evangelisch, 15,7% sind katholisch. Das Stadtgebiet umfaßt 20 294 ha, davon sind 33,3% bebaut, 14,7% Verkehrsflächen, 13,1% Grünanlagen und Friedhöfe, 20% Äcker und Gärten, 10,5% Wald, 3,2% Gewässer und 5,2% Sonstiges.

WAHRZEICHEN HANNOVERS. In früheren Jahrhunderten mußten die wandernden Handwerksgesellen nach der Rückkehr in die Heimat vor ihrer Zunft Auskunft über bestimmte Sehenswürdigkeiten der Städte geben, die sie auf ihrer Wanderschaft besucht hatten. Damit sollten sie beweisen, daß sie auch wirklich in diesen Städten gewesen waren. Für Hannover waren folgende Wahrzeichen festgelegt:

Beginenturm, stärkster Turm der mittelalterlichen Befestigung am Hohen Ufer (→ S. 53). – *Gedenktafel* für die 1632 gefallenen Bürger der Stadt im Bödekersaal unter der Marktkirche. – *Geöffnetes Grab* auf dem Gartenfriedhof (→ S. 38). – *Luderziehen,* plastische Darstellung eines derben mittelalterlichen Spiels am Alten Rathaus, Ecke Marktplatz/Schmiedestraße. Die Darstellung sollte die zum Gericht gehenden Bürger vor Betreten des Rathauses vor allzu großer Kampfeslust warnen (→ S. 51). – *Marktkirchenturm,* dessen eigenwillige Form sich daraus erklären soll, daß den Bürgern während des Bauens das Geld ausging und die geplante Turmspitze nur verkleinert als Modell aufgesetzt werden konnte (→ S. 50). – *Siebenmänner- oder Spartanerstein* am Strebepfeiler der Südseite des Chors der Aegidienkirche. Der Sage nach zur Erinnerung an die Verteidiger des Döhrener Turms, die beim Überfall Herzog Heinrichs des Älteren auf die Stadt den Tod fanden. Die Jahreszahl 1480 auf dem Stein widerlegt diese Sage (→ S. 38). – *Steinkreuz* im Pflaster des Marktplatzes in der Nähe der Kramerstraße. Nur von diesem Punkt aus kann man die Türme der vier innerstädtischen Kirchen sehen.

Klima. Hannover liegt im Übergangsstreifen zwischen dem vom Atlantik bestimmten Wettergebiet und dem Kontinentalklima der osteuropäisch-asiatischen Landmasse. Daher findet man hier im allgemeinen ein ausgeglichenes Wetter mit vorherrschenden Westwinden ohne übermäßige Temperaturschwankungen. Die Jahresdurchschnittstemperatur liegt bei 8,7 °C, wobei der Durchschnitt zwischen 0,2 °C im Januar und 17 °C im Juli liegt. Die Niederschläge betragen jährlich etwa 660 mm.

Politische Gliederung und Verwaltung. Hannover ist die Hauptstadt des Landes Niedersachsen, kreisfreie Stadt und zugleich der Verwaltungssitz des Landkreises Hannover. Oberbürgermeister ist seit 1972 Herbert Schmalstieg (SPD). Der Rat der Landeshauptstadt besteht aus 65 Mitgliedern, von denen 27 der SPD, 23 der CDU, 6 der GABL (Grüne Alternative Bürgerliste), 4 der FDP, 2 der REP (Die Republikaner), 1 der ÖDP (Ökologisch-Demokratische Partei) und 2 der Wählergemeinschaft „Wir für Hannover" angehören.

Im 1963 gegründeten Großraum Hannover wurden die niedersächsische Landeshauptstadt und ihr Umland zu einer regionalen Planungseinheit zusammengefaßt. Die Notwendigkeit ergab sich aus dem seit Jahren andauernden Siedlungsdruck auf diesen Raum, in dem derzeit 14,6% der Landesbevölkerung auf 4,8% der Landesfläche rund 16,6% des niedersächsischen Sozialproduktes (Bruttowertschöpfung) erwirtschaften.

Seit 1970 haben die Verkehrsunternehmen dieses 2287 qkm großen Gebiets einen Einheitstarif, bei dem man beliebig von einem zum anderen Verkehrsmittel überwechseln kann. Seit 1980 bilden die Landeshauptstadt und der Landkreis Hannover den Zweckverband „Großraum Hannover", der zusätzlich zur Verkehrsplanung die Aufgaben der Regionalplanung, Wirtschaftsförderung und Naherholung übernommen hat.

Ver- und Entsorgung. Hannover deckt seinen Wasserbedarf (im Jahr über 54 Mio cbm) aus eigenen Wasserwerken in der Heide. Die Kraftwerke befriedigen einen Jahresbedarf von rund 3100 Mio kWh, der Jahresverbrauch an Erdgas beläuft sich auf rund 8500 kWh. Hannover war die erste Stadt des Kontinents, die Gas zur Straßenbeleuchtung einsetzte. Drei Heizkraftwerke versorgen Teile des Stadtgebiets. Im Westen liegt am Tönniesberg der Großmarkt für Gemüse, Obst und Blumen. Für die Versorgung mit Fleisch (aus eigener Schlachtung und Einfuhren) sorgt der Schlacht- und Viehhof an der Freundallee. Die Abwässer werden in den Klärwerken Herrenhausen und Gümmerwald gereinigt und der Leine zugeführt. Die städtische Müllkippe befindet sich bei Altwarmbüchen im Osten.

Wirtschaftsleben. Zweimal im Jahr präsentieren Aussteller aus aller Welt ihre Erzeugnisse und rücken damit Hannover in den Mittelpunkt der Weltwirtschaft. Auf den Hannover-Messen CeBIT und Industrie werden die Weichen für das kommende Jahr gestellt und Kontakte geknüpft. Die bedeutendsten und größten technischen Messen der Welt gelten als „Wirtschaftsbarometer".

Durch die einst reichen Rohstofflager in seiner Umgebung und die günstige Verkehrslage zwischen dem Rand der Mittelgebirge und der norddeutschen Tiefebene wurde Hannover zu einer der wichtigsten deutschen Handels- und Industriestädte. Von den 350 000 Arbeitskräften sind gut zwei Drittel im Dienstleistungsbereich einschließlich des öffentlichen Dienstes tätig. Hier haben große Unternehmen ihren Hauptsitz, unter ihnen die *Preussag AG,* die *Preussen Elektra AG,* die *BEB Erdgas und Erdöl,* die *Prakla-Seismos* und Europas größter Reiseveranstalter *TUI.* Als viertgrößter Versicherungsstandort beherbergt Hannover u. a. den Haftpflichtverband der deutschen Industrie, die Magdeburger Versicherungsgruppe, die Mecklenburgische Versicherungsgruppe, die Versicherungsgruppe Hannover, die Concordia Versicherungsgruppe und die VHV Vereinigte Haftpflicht. In der stark exportorientierten Industrie ist eine Niederlassung des *Volkswagenwerks* mit etwa 18 000 Mitarbeitern der größte Betrieb. Überhaupt haben die Fahrzeug- und Maschinenbauindustrie sowie ihre Zulieferbetriebe für den Wirtschaftsstandort Hannover besonderes Gewicht. Weltruf haben ferner die Gummi-Industrie mit der *Continental AG,* die Bürobedarfshersteller *Pelikan AG* und *Geha-Werke GmbH* sowie die Nahrungsmittelbranche, die vor allem durch die Firmennamen *Bahlsen* und *Sprengel* repräsentiert wird. Drei Großbrauereien *(Gilde Brauerei AG, Brauerei Herrenhausen KG* und *Brauerei Wülfel AG)* bewahren den seit Jahrhunderten bekannten Ruf der Bierstadt Hannover.

1898 gründeten die Brüder Berliner mit der Deutschen Grammophongesellschaft die älteste Schallplattenfirma überhaupt, die noch heute als *Polygram Record Service GmbH* zu den bedeutendsten Unternehmen der Unterhaltungsbranche zählt. Im *Telefunken-Werk* entwickelte Walter Bruch das Farbfernseh-System PAL. Auf dem Gebiet der Datenverarbeitung sind ein Software- und Servicezentrum der *IBM* sowie eine große Niederlassung der *Siemens-Nixdorf Informationssysteme AG* zu nennen. Die chemische Industrie ist vor allem mit der *Solvay Deutschland GmbH* vertreten und der Elektrobereich mit der *kabelmetal electro GmbH*. Weithin bekannt sind auch die Kunststofferzeugnisse der *J. H. Benecke AG*. Schließlich seien auch das Speditions- und Transportgewerbe und die Hersteller von Geschäftsbüchern und kaufmännischen Formularen nicht vergessen. Warenhäuser und Einzelhandelsgeschäfte jeder Art machen Hannover zu einem beliebten Einkaufszentrum. Seine Anziehungskraft für das Umland wird durch die vielen Aktionen der 1970 gegründeten Werbegemeinschaft Einkaufsstadt Hannover gesteigert. 1787 erteilte König Georg III. das Privileg für die hannoversche Börse, heute die Niedersächsische Börse zu Hannover. 1866 wurde die heutige Industrie- und Handelskammer eingerichtet. Auch Handwerkskammer, Landwirtschaftskammer, Ärztekammer, Zahnärztekammer, Tierärztekammer und Apothekerkammer haben ihren Sitz in Hannover.

Kulturelles Leben. Herausragende Funktion im kulturellen Leben Hannovers hat das klassizistische Opernhaus, das von der Oper der Niedersächsischen Staatstheater Hannover GmbH bespielt wird. Schauspiel und Komödie der Staatstheater spielen im Ballhof, im neuen Schauspielhaus in der Prinzenstraße und im Theater am Aegi (auch für Gastspiele). Daneben gibt es noch ein Studio im Künstlerhaus in der Sophienstraße. Die Landesbühne Hannover, das Neue Theater (Boulevard), die Hannöversche Speeldeel (Plattdeutsches Laientheater) und das Mittwoch-Theater (Jazzklub) runden die Theaterlandschaft ab. Im Sommer werden im Großen Garten Herrenhausen („Musik und Theater in Herrenhausen“) im Gartentheater (952 Plätze) und in der Galerie (704 Plätze) Oper, Ballett, Schauspiel und Komödie geboten. Zwei Orchester beleben das Konzertangebot in Hannover: das Rundfunkorchester des Norddeutschen Rundfunks, das im Funkhaus am Maschsee spielt, sowie das Orchester der Staatlichen Hochschule für Musik und Theater. An Konzertsälen stehen zur Verfügung: Kuppelsaal (3666 Plätze), Beethovensaal (767 Plätze), beide in der Stadthalle, zwei Säle im Funkhaus (330 und 1200 Plätze) sowie im Sommer die Galerie Herrenhausen.

Bildende Kunst wird in Hannover nicht nur in den Museen großgeschrieben. 1970–73 wurde das „Experiment Straßenkunst“ veranstaltet. Es sollte ein Gegengewicht zur zweckhaft bestimmten Stadtumwelt schaffen und die Bevölkerung der wiederholten, intensiven Begegnung mit Kunst aussetzen. Viele Objekte dieser Aktion beleben auch heute noch das Stadtbild. – An Museen sind zu nennen: Niedersächsisches Landesmuseum, Sprengel Museum Hannover, Kestner-Museum, Historisches Museum am Hohen Ufer, Herrenhausen-Museum und Wilhelm-Busch-Museum. Der Kunstverein Hannover, die Kestner-Gesellschaft und zahlreiche private Galerien zeigen Kunstwerke, Kunstgewerbe und Gegenstände aus allen Epochen und informieren über zeitgenössische Kunstrichtungen. Mehrere Industriebetriebe besitzen Sammlungen zu ihrer Geschichte.

Durch die Galerien und Kunsthändler ist Hannover auch ein Zentrum im deutschen Kunsthandel. Dazu trägt die Kunst- und Antiquitäten-Messe bei, die eine der bedeutendsten Kunstmessen Deutschlands ist und während der Hannover-Messe im April in der Galerie und Orangerie Herrenhausen veranstaltet wird.

Eine Reihe von Bibliotheken (→ S. 10) und Archiven, darunter das Niedersächsische Hauptstaatsarchiv und das Stadtarchiv, prägen das kulturelle Leben der Stadt ebenso wie die Hochschulen und andere Bildungsstätten. Die Universität ist aus der 1831 gegründeten Höheren Gewerbeschule hervorgegangen, die 1879 zur Technischen Hochschule, 1968 zur Technischen Universität und 1978 zur Universität Hannover wurde. An der Medizinischen Hochschule wurde der Lehrbetrieb 1965 aufgenommen. Die 1778 von König Georg III. eingerichtete „Königliche Roß-Arzeney-Schule“, seit 1887 Tierärztliche Hochschule, soll das viertälteste Institut dieser Art in Europa sein. Die Staatliche Hochschule für Musik und Theater, die diese Bezeichnung seit 1958 führt, ist aus dem 1897 gegründeten Konservatorium für Musik entstanden. Außerdem besitzt Hannover eine Fachhochschule, 4 Integrierte Gesamtschulen, 19 Gymnasien, 14 Berufsbildende Schulen, 14 Realschulen, 19 Hauptschulen, 15 Sonderschulen, 27 Orientierungsstufen und 56 Grundschulen. – Neue Impulse bringt auch die Pflege kultureller Beziehungen zu den Partnerstädten (→ S. 22).

Stadtgeschichte

10. bis 13. Jahrhundert. Bei archäologischen Grabungen im Bereich der Altstadt fand man erste Siedlungsspuren aus der Zeit um 950. In der wohl 1150 verfaßten Beschreibung der Wunder des heiligen Bernward von Hildesheim wird erzählt, daß ein Mädchen aus dem „vicus“ (Marktflecken) Hanovere nach dem Gelöbnis einer Weihegabe am Grabe des Bischofs von seinen Augenschmerzen geheilt wurde. Als Keimzellen der Stadt vermutet man eine Siedlung von Fischern und Handwerkern an der Leinstraße, eine Gruppe von Burgmannshöfen an der Burgstraße gegenüber der um 1200 im Leine-Urstromtal erbauten Burg Lauenrode und den Markt an der Kreuzung von zwei Handelsstraßen mit der um 1125 erbauten Georgskirche (Marktkirche) und dem späteren Alten Rathaus. Der Name „Hannover" soll vom „hohen Ufer" der Leine abgeleitet sein oder „Anhöhe im Schilf" bedeuten.

1163 hielt der Welfenherzog Heinrich der Löwe einen Hoftag in Hanovere. Nach einer späteren Überlieferung soll Heinrich schon 1156 das Stadtrecht verliehen haben, das sein Enkel Otto das Kind 1241 bestätigte und erweiterte. Vermutlich ließ Heinrich 1163 die romanische Aegidienkirche als Gotteshaus einer welfischen Stadterweiterung im Osten (Osterstraße) weihen. 1189 brannte der Staufer Heinrich VI. auf seinem Kriegszug gegen die Gefolgsleute Heinrichs des Löwen die „civitas Hanovere" nieder, die wohl bald wiederaufgebaut wurde. Ein dritter Pfarrbezirk (Kreuzkirche) wurde 1284 im Norden von der Marktgemeinde abgeteilt. Etwa bis 1300 wuchsen die vier Siedlungskerne zusammen und wurden von einer Stadtmauer mit drei mächtigen Toranlagen eingefaßt.

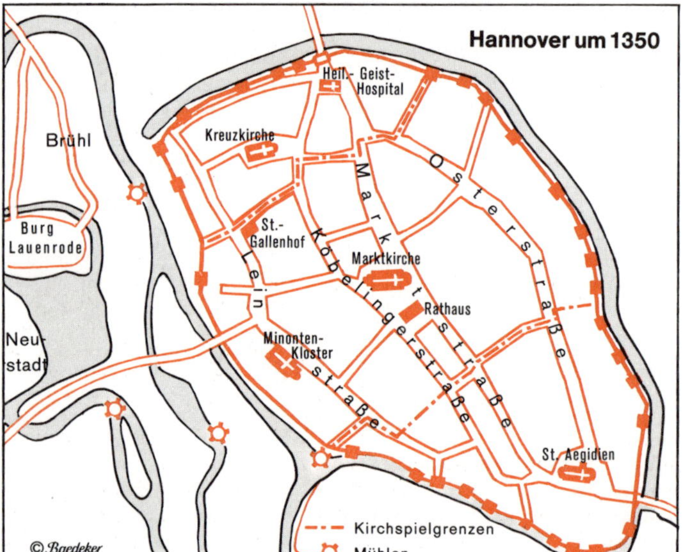

14. bis 16. Jahrhundert. Um 1350 ist Hannover eine blühende Handelsstadt, Mitglied der Hanse und anderer Städtebünde, mit etwa vier- bis fünftausend Einwohnern. In wenigen Jahrzehnten errichtet man die drei gotischen Altstadtkirchen (Kreuzkirche 1333, Aegidienkirche 1347, Marktkirche 1349). 1357 wird der Beginenturm an der Leine gegenüber der herzoglichen Burg Lauenrode gebaut, die 1371 im Erbfolgekrieg nach dem Aussterben des älteren Welfenhauses den Bürgern übereignet und von ihnen sogleich zerstört wird. Im Stadtwald Eilenriede entsteht nun eine zweite Verteidigungslinie, die Landwehr (Pferdeturm 1373, Döhrener Turm 1382, Lister Turm 1387). Aus der um 1230 am Markt entstandenen Kaufhalle ist das Alte Rathaus geworden, dessen Marktflügel bis 1455 in den Formen der Backsteingotik neu errichtet wird. Der Versuch Herzog Heinrichs des Älteren, die recht selbständig gewordene Stadt wieder zu unterwerfen, wird 1490 durch die Wachsamkeit des Bürgers Cord Borgentrick vereitelt.

Wird Hannover zunächst von wenigen Kaufmannsgeschlechtern „regiert", so erreichen die Handwerker 1448 nach sozialen Unruhen, daß auch die Knochenhauer, Bäcker, Schuhmacher und Schmiede je einen Ratssitz erhalten. Die Annahme des lutherischen Glaubens ist 1533 ebenfalls mit einer Verwaltungsreform verbunden, wobei der Einfluß der Kaufleute weiter zurückgedrängt wird. Zu einer Wirtschaftsblüte führt 1526 die Erfindung eines „hellen" Biers durch den Brauer Cord Broyhan. Drei Jahre später erlaubt Herzog Erich I. den Hannoveranern, alljährlich ein Schützenfest zu feiern.

17. bis 18. Jahrhundert. Mitten im Dreißigjährigen Krieg, 1636, erklärt der Welfenherzog Georg von Calenberg die Stadt zu seiner Residenz, und seitdem ist Hannover Landeshauptstadt. Im folgenden Jahr beginnt der Bau des Leineschlosses an der Stelle des 1533 aufgehobenen Minoritenklosters. Da in der engbebauten Altstadt kaum Raum für die Behörden und die Wohnungen der Hofbediensteten ist, wird die Calenberger Neustadt zwischen Leine und Ihme um 1650 zur eigentlichen Residenz und erhält mit der Altstadt eine gemeinsame moderne Befestigung, bleibt aber verwaltungsmäßig selbständig. Erst 1824 werden Altstadt und Neustadt vereinigt.

Nach dem Tod des Herzogs Georg folgen nacheinander seine vier Söhne auf dem Thron. Johann Friedrich beginnt 1666 mit der Anlage der Sommerresidenz Herrenhausen und ihrer Gärten und beruft 1676 den Gelehrten Gottfried Wilhelm Leibniz zum Hofrat und Bibliothekar (→ S. 32). Johann Friedrichs jüngerer Bruder Ernst August erwirbt 1692 die Kurwürde. Seine Gemahlin Sophie von der Pfalz, Enkelin des englischen Königs Jakob I. Stuart, wird 1701 zur britischen Thronfolgerin erklärt. Ihr Sohn, der Kurfürst Georg Ludwig, besteigt 1714 den britischen Thron als König Georg I. Damit beginnt die bis 1837 dauernde Personalunion zwischen England und Hannover.

Hannover ist nun eine Residenz ohne Herrscher, weil die Könige in London regieren und nur selten ihr Stammland besuchen. Dafür wird das Kurfürstentum zur „Achillesferse“ des unangreifbaren Inselreichs England, so im Siebenjährigen Krieg, als die Franzosen 1757 Hannover besetzten. Das bedeutendste Stadtoberhaupt jenes Jahrhunderts ist von 1725 bis 1767 Christian Ulrich Grupen, der die Aegidien-Neustadt anlegen läßt und viele Neuerungen einführt. 1778 gründete König Georg III. die „Königliche Roß-Arzeney-Schule“, die heutige Tierärztliche Hochschule, als erste in Deutschland. Die hohe Kultur jener Epoche bezeugen viele bekannte Namen. Leisewitz, Iffland und die Brüder Schlegel wurden hier geboren, Hölty starb in Hannover, und 1788 ließ Freiherr Knigge sein Buch „Über den Umgang mit Menschen“ hier drucken.

19. Jahrhundert. 1803 besetzen die Soldaten Napoleons das Kurfürstentum für ein Jahrzehnt, und seit 1809 gehört Hannover zum Königreich Westphalen, das des Korsen Bruder Jérôme regiert. Die nach England entwichenen Hannoveraner kämpfen in "The King's German Legion" auf vielen Kriegsschauplätzen für die Befreiung ihrer Heimat, vor allem in der Entscheidungsschlacht bei Waterloo im Juni 1815. Wenige Monate vorher hatte der Wiener Kongreß das Kurfürstentum Hannover zum Königreich erhoben. Aufgrund der unterschiedlichen Erbfolgegesetze in beiden Staaten endet 1837 die Personalunion: In Großbritannien kommt Königin Viktoria auf den Thron und in Hannover ihr Onkel, König Ernst August.

1824 hatten Altstadt und Neustadt endlich einen gemeinsamen Magistrat bekommen. Erste Ansätze industrieller Gründungen finden wir in den Gartengemeinden vor den Toren und vor allem im Nachbarort Linden, hier verbunden mit den Namen von Johann Egestorff und seinem Sohn Georg. 1826 erscheint der erste Band der "Monumenta Germaniae historica", der von Georg Heinrich Pertz redigierten Quellensammlung zur deutschen Geschichte, in der Hahnschen Hofbuchhandlung. 1830 übernimmt der Komponist Heinrich Marschner die Leitung der Hofkapelle, und im folgenden Jahr wird die Höhere Gewerbeschule eingerichtet, aus der sich die Universität Hannover entwickelt. Zu den damals ins Leben tretenden Vereinen zählen seit 1832 der Kunstverein und seit 1835 der Historische Verein für Niedersachsen.

1843 dampft der erste Eisenbahnzug von Hannover nach Lehrte, und schnell wird die Stadt durch ihre zentrale Lage zu einem wichtigen Knotenpunkt im deutschen Eisenbahnnetz. Geht das Revolutionsjahr 1848 verhältnismäßig glimpflich am Königreich vorüber, so sollte Ernst Augusts Sohn, der „blinde König" Georg V., der letzte Welfe auf dem hannoverschen Thron sein. 1866 weicht er vor den einmarschierenden Soldaten Bismarcks in das österreichische Exil aus, und aus seiner Residenz wird nun eine preußische Provinzhauptstadt. Das Industriegebiet der zweiten Jahrhunderthälfte ist die 1859 eingemeindete Vorstadt, wo die großen Unternehmen unserer Zeit entstehen. 1873 überschreitet Hannover die Zahl von 100 000 Einwohnern.

1872 fährt die erste Pferdebahn vom Steintor zum Döhrener Turm, und ein Vierteljahrhundert später werden alle Linien elektrisch betrieben. Das stürmische Wachstum macht an den Grenzen der Stadt nicht halt, und so werden 1891 die Dörfer Herrenhausen, Hainholz, Vahrenwald und List, 1907 Döhren, Wülfel, Kirchrode, Groß- und Klein-Buchholz, Lahe, Bothfeld und Stöcken eingemeindet. Hannover hat nun über 300 000 Einwohner. Das Bausymbol für die Epoche des Stadtdirektors Heinrich Tramm ist das 1913 eingeweihte Rathaus.

20. Jahrhundert. Während des Ersten Weltkriegs ist der Mittellandkanal bis Misburg vollendet, der mit der Einweihung der Anderter Hindenburgschleuse 1928 bis Peine und 1938 bis Magdeburg fertiggestellt ist. 1920 werden die Städte Hannover und Linden vereinigt, und die Einwohnerzahl überschreitet 400 000. Linden hatte bereits 1885 das Stadtrecht erhalten und 1909 die Dörfer Limmer, Davenstedt, Badenstedt und Bornum und 1913 Ricklingen eingemeindet. Der bereits 1907 betriebene Flugplatz auf der Vahrenwalder Heide wird 1928 „amtlich" zum Flughafen Hannover-Vahrenwald. Im gleichen Jahr wird Marienwerder eingemeindet. Bis 1936 entsteht der Maschsee in der Leineaue, und die Stadt erwirbt die Herrenhäuser Königsgärten vom Welfenhaus. Als der Zweite Weltkrieg beginnt, hat Hannover 470 000 Einwohner.
Nach 88 Luftangriffen ist die Stadt 1945 so stark zerstört, daß in ihren Trümmern nur noch 217 000 Menschen leben. Der großzügige Wiederaufbau, vor allem in der Innenstadt, mit dem neuen leistungsfähigen Verkehrsnetz gilt weithin als vorbildlich. Hierzu trägt bei, daß Hannover seit 1946 die Hauptstadt des Bundeslandes Niedersachsen und seit 1947 eine der bedeutendsten europäischen Messestädte ist. 1952 ist der Flughafen Hannover-Langenhagen im Betrieb, einer der „Eckpfeiler" für die Verbindung nach Berlin, und 1965 beginnt der Bau der Untergrundbahn, auf der bis 1992 acht

Stadtbahnlinien fahren, fast 16 Kilometer davon unterirdisch. Neben der Universität Hannover und der Tierärztlichen Hochschule entsteht die Medizinische Hochschule mit vielen international bedeutsamen Forschungseinrichtungen. Die Gebiets- und Verwaltungsreform von 1974 läßt mit der Eingemeindung von Misburg, Anderten, Bemerode, Wülferode, Wettbergen, Vinnhorst, Isernhagen-Süd und Ahlem die Einwohnerzahl auf annähernd 580 000 steigen, die aber im folgenden Jahrzehnt wieder sinkt.

Bedeutende Persönlichkeiten

Geburts- oder Sterbeort ist Hannover, soweit nicht anders angegeben.

Duve, Johann (* 1611, † 1679), erster Unternehmer Hannovers im Sinne des Frühkapitalismus. Begann als Tuchhändler, verließ die Zunft, betätigte sich als vielseitiger Geschäftsmann. Er starb verarmt, weil die zeitgenössische Wirtschaftsstruktur Unternehmen seiner Größenordnung nicht trug.

Sackmann, Jacobus (* 1643, † Limmer 1718), seit 1680 Pastor im heutigen Stadtteil Limmer, dessen Predigten in plattdeutscher Sprache weit verbreitet wurden.

Leibniz, Gottfried Wilhelm (* Leipzig 1646, † 1716), Philosoph, Mathematiker, Physiker und Techniker. Gilt als letzter Universalgelehrter der Neuzeit. Erfinder der Differentialrechnung und Konstrukteur der ersten brauchbaren Rechenmaschine (heute aufbewahrt in der Landesbibliothek). Seit 1676 in hannoverschen Diensten, hatte er Anteil daran, daß das Fürstenhaus Anspruch auf den englischen Thron erhielt. Ihm und Kurfürstin Sophie ist es zu verdanken, daß Hannover um 1700 zu einem Zentrum der europäischen Kultur und Politik wurde. Nach dem Tod Sophies 1714 in Ungnade gefallen, starb er vereinsamt und wurde in der Neustädter Kirche beigesetzt.

Händel, Georg Friedrich (* Halle 1685, † London 1759), Komponist. War von 1710–12 Hofkapellmeister in Hannover. Von hier aus ging er nach England; schuf vor allem Opern und Oratorien.

Herschel, Friedrich Wilhelm (* 1738, † Slough bei Windsor 1822), Astronom. Entdeckte 1781 den Planeten Uranus, später weitere Teile des Sonnensystems, erforschte das Milchstraßensystem.

Hölty, Ludwig Heinrich Christoph (* Mariensee bei Hannover 1748, † 1776), Schriftsteller. Schrieb schwermütige, stimmungsvolle Gedichte. Mitglied des Göttinger Hainbunds; beigesetzt auf dem Nikolaifriedhof.

Herschel, Caroline (* 1750, † 1848), Astronomin. Entdeckte acht Kometen, Mitarbeiterin ihres Bruders, eine der ersten Wissenschaftlerinnen.

Leisewitz, Johann Anton (* 1752, † Braunschweig 1806), Dramatiker. Mitglied des Göttinger Hainbunds; sein Trauerspiel „Julius von Tarent“ gehört zu den bedeutendsten Bühnenwerken des Sturm und Drang. 1774 Advokat in Hannover und 1778 Landschaftssekretär in Braunschweig, wo er zum Hofrat und Präsidenten des Obersanitätskollegiums aufstieg.

Freiherr Knigge, Adolf (* Bredenbeck am Deister 1752, † Bremen 1796), nach dem Studium der Rechtswissenschaften in Göttingen Jurist, Schriftsteller und Theaterdirektor in vielen deutschen Städten. 1787 nach Hannover zurückgekehrt, wo 1788 sein Hauptwerk „Über den Umgang mit Menschen“ erschien, seit 1790 Oberhauptmann in Bremen.

Kestner, Charlotte (* Wetzlar 1753, † 1828), Vorbild der Lotte in Goethes Jugendroman „Die Leiden des jungen Werthers“. Goethe lernte sie 1772 in Wetzlar als Verlobte seines Freundes Johann Christian Kestner kennen. Die unerfüllte Liebe inspirierte ihn zu seinem Roman. Nachkommen Charlottes verdankt Hannover das Kestner-Museum.

Iffland, August Wilhelm (* 1759, † Berlin 1814), Schauspieler, Theaterleiter und Dramatiker. Wirkte ab 1779 am Mannheimer Nationaltheater, ab 1796 als Direktor des Berliner Nationaltheaters, schrieb über sechzig Dramen und eine „Theorie der Schauspielkunst". Nach ihm wurde der „Ifflandring" benannt, den der jeweils bedeutendste deutsche Schauspieler trägt.

Ramberg, Johann Heinrich (* 1763, † 1840), Hofmaler. Erhielt seine Ausbildung in England, wurde durch seine Allegorien, zeitkritisch-satirischen Blätter und vor allem durch Buchillustrationen bekannt.

Schlegel, August Wilhelm von (* 1767, † Bonn 1845), Kritiker, Literaturhistoriker, Übersetzer, Dichter. Arbeitete an Schillers „Horen" mit, übersetzte 17 Dramen Shakespeares und Dichtungen Calderons. Als Hochschullehrer beeinflußte er maßgeblich die moderne Literaturwissenschaft und war einer der wichtigsten Wegbereiter der Romantik.

Schlegel, Friedrich von (* 1772, † Dresden 1829), Bruder von August Wilhelm, Kultur- und Kunstphilosoph, Literaturhistoriker und -kritiker, Sprachwissenschaftler und Dichter. Vertreter der frühromantischen Lebens- und Kunstphilosophie.

Egestorff, Johann (* Lohnde bei Hannover 1772, † 1834), Unternehmer. Begann als Böttchergeselle, übernahm dann eine bankrotte Kalkbrennerei, erwarb Ziegeleien, gründete eine Zuckerfabrik sowie diverse Firmen und wurde einer der ersten erfolgreichen Unternehmer Hannovers. Sein Sohn *Georg* gründete die später als „Hanomag" bekannte Eisengießerei und Maschinenfabrik.

Grotefend, Georg Friedrich (* Hannoversch Münden 1775, † 1853), Sprachwissenschaftler. Entzifferte 1802 als erster einen in altpersischer Keilschrift geschriebenen Text, Verfasser bedeutender sprachwissenschaftlicher Arbeiten.

Laves, Georg Ludwig Friedrich (* Uslar 1788, † 1864), bedeutendster Städteplaner und Baumeister in Hannover. Schuf im klassizistischen Stil das Opernhaus, das Wagenheim-Palais, das Laveshaus, die Waterloosäule, den Bibliothekspavillon und das Mausoleum in Herrenhausen sowie den Portikus des Leineschlosses.

Marschner, Heinrich (* Zittau 1795, † 1861), Komponist. 1830–59 Hofkapellmeister in Hannover; unter seinen romantischen Opern sind „Hans Heiling". „Der Vampyr" und „Der Templer und die Jüdin" hervorzuheben.

Pertz, Georg Heinrich (* 1795, † München 1876), Historiker. Übernahm 1825 als Königlich Hannoverscher Archivsekretär die Redaktion der „Monumenta Germaniae historica", der grundlegenden Quellenveröffentlichung zur deutschen Geschichte; ging 1842 als Geheimer Oberregierungsrat nach Berlin.

Bandel, Josef Ernst von (* Ansbach 1800, † Neudegg bei Donauwörth 1876), Bildhauer in Hannover. Schuf 1838–75 das Hermanns-Denkmal im Teutoburger Wald.

Windthorst, Ludwig (* Kaldenhof bei Versmold 1812, † Berlin 1891), Politiker. War 1851–53 und 1862–65 hannoverscher Justizminister, seit 1867 gehörte er als Wortführer der Zentrumspartei dem Reichstag an. Im Kulturkampf der schärfste parlamentarische Gegner Bismarcks.

Busch, Wilhelm (* Wiedensahl bei Hannover 1832, † Mechtshausen bei Seesen 1908), Maler, Zeichner und Dichter. Verließ das Polytechnikum in Hannover, wo er von 1847–50 Maschinenbau studierte, um Maler zu werden. Seine pointierten Bildergeschichten (u. a. „Max und Moritz" und „Die fromme Helene") zeugen von großer Charakterisierungskunst und machten ihn zu einem der volkstümlichsten Karikaturisten Deutschlands.

Hindenburg, Paul von Beneckendorff und von H. (* Posen 1847, † Neudeck/Westpreußen 1934), Generalfeldmarschall und Reichspräsident. Wohnte 1911–30 (mit Unterbrechungen) in Hannover.

Berliner, Emil (* 1851, † Washington 1929), Elektrotechniker. Entwickelte das Mikrophon, das Grammophon und die Schallplatte und gründete mit seinem Bruder Joseph in Hannover die „J. Berliner Telephonfabrik" und die „Deutsche Grammophon-Gesellschaft mbH".

Wedekind, Frank (* 1864, † München 1918), Dramatiker. Lebte nach unruhigem Wanderleben als Journalist und Schriftsteller seit 1908 ständig in München; Mitarbeiter des „Simplicissimus" seit 1896. Seine Dramen weisen bereits auf den Expressionismus voraus.

Löns, Hermann (* Kulm 1866, † bei Reims 1914), Schriftsteller und Journalist. Schrieb Romane aus der niedersächsischen Bauernwelt, Natur- und Tierschilderungen (u .a. aus der Lüneburger Heide) und volksliedhafte Gedichte.

Klages, Ludwig (* 1872, † Kilchberg bei Zürich 1956), Philosoph und Psychologe. Führender Vertreter der Ausdrucks- und Charakterforschung, gründete 1905 das Seminar für Ausdruckskunde in München, verschaffte der Graphologie wissenschaftlichen Rang. Hauptwerk „Der Geist als Widersacher der Seele".

Lessing, Theodor (* 1872, † Marienbad 1933), Schriftsteller und Kulturphilosoph. Seit 1908 Dozent der Technischen Hochschule Hannover, mußte 1926 wegen eines gegen Hindenburg gerichteten Aufsatzes seine Vorlesungen einstellen und wurde 1933 ermordet. Hauptwerk „Geschichte als Sinngebung des Sinnlosen".

Jatho, Karl (* 1873, † 1933), Stadtinspektor, Kunstradfahrer und Flugpionier, dessen Motorflug am 18. 8. 1903 als erster der Welt gilt.

Wigman, Mary (Marie Wiegmann, * 1886, † Berlin 1973), Tänzerin und Tanzpädagogin. Eröffnete 1920 eine Tanzschule in Dresden, die zur Pflegestätte des Ausdruckstanzes wurde, bereiste Europa und Nordamerika, wo sie nach 1945 stilbildend wirkte. Lehrerin von Harald Kreutzberg, Dore Hoyer und Gret Palucca.

Schwitters, Kurt (* 1887, † Ambleside/England 1948), Maler, Grafiker und Schriftsteller. Gehörte der Dada-Bewegung an und gründete die „Merz"-Kunst (der Name entstand zufällig als Fragment des Wortes Kommerz). Seine Merzbauten, seine aus Alltagsgegenständen und Abfall gestalteten Collagen wurden ebenso ein Markenzeichen wie die phonetische Produktion „Ursonate" und das Gedicht „Anna Blume". Schwitters emigrierte 1935 nach Norwegen und ging 1940 nach England.

Engelke, Gerrit (* 1890, † Etaples/Frankreich 1918), Schriftsteller. War neben Heinrich Lersch einer der bedeutendsten Arbeiterdichter. Darstellung von Technik und Industrie als schicksalhaften Mythos. Gedichtzyklus „Rhythmus des neuen Europa".

Kopf, Hinrich Wilhelm (* Neuenkirchen 1893, † Göttingen 1961), Jurist und Volkswirtschaftler, 1945 letzter Oberpräsident der preußischen Provinz Hannover, seit 1946 Ministerpräsident des Landes Niedersachsen.

Schumacher, Kurt (* Kulm 1895, † Bonn 1952), Politiker. 1930–33 Mitglied des Reichstags, 1933–45 in Konzentrationslagern, gründete 1945 in Hannover die Sozialdemokratische Partei Deutschlands wieder, deren Vorsitzender er dann war. Sein Grab befindet sich auf dem Stadtfriedhof Ricklingen.

Arendt, Hannah (* 1906, † New York 1975), Politikwissenschaftlerin und Soziologin. Emigrierte als Jüdin nach der nationalsozialistischen Machtübernahme nach Nordamerika, wo sie an mehreren Universitäten politische Theorie lehrte. Scharfsinnige Interpretin der politischen Systeme. Hauptwerk „Elemente und Ursprünge totalitärer Herrschaft".

STADTBESCHREIBUNG

Stadtbesichtigung 1: Hauptbahnhof – Kröpcke – Opernhaus Rathaus – Kestner-Museum

Die Innenstadt umfaßt die Stadtteile Mitte (zwischen Bahnhof und östlichem Leineufer) und Calenberger Neustadt (zwischen westlichem Leineufer und Ihme). Ein auf dem Gehweg gezogener, 4698 m langer „Roter Faden“ führt zu 47 Sehenswürdigkeiten (Prospekt gegen Gebühr in der Hannover Information erhältlich). In der Innenstadt sind zahlreiche moderne Plastiken aufgestellt, viele davon im Rahmen der Aktion „Straßenkunst“ (→ S. 26) in den 70er Jahren.

Der Rundgang durch die Innenstadt beginnt am *Ernst-August-Platz* (I F1) vor der Südwestseite des Hauptbahnhofes. Der Platz wurde von Georg Ludwig Friedrich Laves großzügig geplant, als er nach 1840 der Altstadt die sog. Ernst-August-Straße anfügte und sie damit nach Nordosten öffnete. Joachimstraße, Luisenstraße, Bahnhofstraße, Schillerstraße und Kurt-Schumacher-Straße münden in den Ernst-August-Platz.

Nach Nordosten hin schließt den Platz der **Hauptbahnhof** ab. Die anderen Seiten säumen Hotels, Geschäftshäuser und Verwaltungsgebäude. Vom Bahnhof aus gesehen rechts das *Hauptpostamt* mit der Hannover Information (→ S. 9), links die Verwaltungsgebäude der *Bundesbahndirektion* mit der Eisenbahn-Ausstellung (→ S. 18). Der Hauptbahnhof wurde 1876–79 von Hubert Stier an der Stelle des ersten Bahnhofsgebäudes (1843–44) errichtet. Der Neubau war erforderlich, als damit begonnen wurde, die bis dahin zu ebener Erde verlaufenden Gleiskörper auf aufgeschüttete Dämme zu verlegen, um den Zugverkehr aus der Straßenebene herauszunehmen. Vor dem Hauptbahnhof steht das **Ernst-August-Denkmal,** ein bronzenes Reiterbild des Königs, das 1861 von Albert Wolff geschaffen wurde. „Unterm Schwanz“ des stolzen Rosses ist ein beliebter Treffpunkt der Hannoveraner. – Von der Joachimstraße oder Luisenstraße aus betritt man die 1987 eröffnete *Galerie Luise* mit eleganten Geschäften, Gaststätten und Galerien (moderne Kunst). Von der Luisenstraße führt die 1988 fertiggestellte *Kröpcke-Passage* zur Rathenaustraße und zum Kröpcke.

Die Bahnhofstraße verbindet den Ernst-August-Platz mit dem Platz **Kröpcke** (I F2), dem Mittelpunkt Hannovers. Sie ist ein Teil der vom Lister Platz bis zum Waterlooplatz reichenden Fußgängerzone (teils unterirdisch), die vom Raschplatz bis zum Kröpcke mit der *Passerelle* in zwei Ebenen geführt wird. Im Pflaster des Kröpcke sind die Bronzewappen der Partnerstädte (s. S. 22) eingelassen. Die 1977 von Werner Hoffmann geschaffene *Kröpcke-Uhr* ist eine vereinfachte Nachbildung der 1885 von Konrad Oertel angefertigten und 1954 abgebrochenen Wettersäule. Sie ist auch ein beliebter Treffpunkt der Hannoveraner.

Unter dem Kröpcke befindet sich die mehrstöckige Untergrundbahnstation für die in der Innenstadt unterirdisch geführten Stadtbahnen. Darüber erhebt sich das etwa 60 m hohe, 1975 fertiggestellte **Kröpcke-Center** mit Geschäften und Verwaltungsdienststellen.

Zwischen Rathenaustraße und Georgstraße liegt das **Café Kröpcke,** das vom Schweizer Unternehmen Mövenpick betrieben wird. Etwa 1797 hatte der aus dem Engadin stammende Zuckerbäcker Johann Robby ein Kaffeehaus an der Leinstraße eingerichtet, das sein Enkel, der Hofkonditor Georg Robby, 1869 an diese Stelle in einen von Otto Götze erbauten Pavillon verlegte. Es war von 1885 bis 1919 an Wilhelm Kröpcke verpachtet, nach dem der Platz benannt ist, und wurde 1943 zerstört. Die heutige Form erhielt das Café 1983 von Joachim Matthaei, Hans-Albert Ahrens und Klaus Loebnitz.

Der Kröpcke wird gekreuzt von der seit 1787 auf dem früheren Stadtwall angelegten, nach König Georg III. benannten *Georgstraße,* der repräsentativsten Straße Hannovers. Am südlichen, zum Aegidientorplatz führenden Teil steht das **Opernhaus** (I F2), von Georg Ludwig Friedrich Laves 1845–52 im klassizistischen Stil errichtet. Es entstand als Königliches Hoftheater auf einer der Bastionen der Stadtbefestigung. Die Windmühle, die sich hier von 1748 bis 1844 befand, steht heute im Hermann-Löns-Park (→ S. 73). Das Opernhaus wurde 1943 zerstört, bis 1950 von Werner Kallmorgen wiederaufgebaut und bis 1985 modern umgestaltet. Auf dem Balkon über der Vorhalle zwölf Sandsteinplastiken von Komponisten und Dichtern, von rechts: Terenz, Molière, Calderon, Weber, Beethoven, Mozart, Goethe, Schiller, Lessing, Shakespeare, Goldoni, Sophokles. Heute spielen im Opernhaus Oper und Ballett der Niedersächsischen Staatstheater, während das Schauspiel im modernisierten Ballhof und im Theater am Aegi beheimatet ist.

In den Grünanlagen an der Georgstraße stehen das Marmordenkmal des Chirurgen und Generalarztes Georg Friedrich Louis Stromeyer (1804–76), die Bronzestatue des Gründers der heutigen Universität Hannover, Karl Karmarsch (1803–79), beide 1883–84 von Oskar Rassau geschaffen, und die Bronzestatue des Generalmusikdirektors und Komponisten Heinrich Marschner (1795–1861), 1877 von Ferdinand Hartzer gestaltet. Gegenüber der Grünanlage, Rathenaustraße 2, das 1846 von Ernst Ebeling im englischen Tudorstil erbaute Haus der Calenberg-Grubenhagenschen Landschaft, in dem seit 1924 die 1787 von König Georg III. privilegierte Niedersächsische *Börse* untergebracht ist.

An der nahen Sophienstraße steht das **Künstlerhaus** (I G2), das 1853–56 von Conrad Wilhelm Hase erbaut wurde. An der Freitreppe zwei Granitnachbildungen der Löwen auf dem Kapitol in Rom. Wilhelm Engelhard und Carl Dopmeyer schufen die Sandsteinfiguren von Albrecht Dürer, Adam Kraft, Gottfried Wilhelm Leibniz und Alexander von Humboldt. Das Relief für Conrad Wilhelm Hase von Karl Gundelach und Otto Lüer entstand 1916. Das als Museum für Kunst und Wissenschaft errichtete Gebäude enthält ein Theater, Ausstellungssäle, Versammlungs- und Verwaltungsräume von Kulturvereinen. Wenige Schritte weiter steht rechts zwischen Prinzenstraße und Schiffgraben das *Grotesche Palais,* das Otto Götze 1862–64 in den englisch-gotischen Formen der Hannoverschen Architekturschule für Adolf Graf Grote erbaute. Heute ist hier das Niedersächsische Landesamt für Straßenbau untergebracht. Das in der Prinzenstraße 1992 erbaute neue **Schauspielhaus** (630 Pl.) beherbergt das *Theatermuseum* (→ S. 17).

Am Schiffgraben liegt das **Provinzial-Ständehaus** (I G3), 1879–80 von Ferdinand Wallbrecht in Renaissanceformen errichtet und heute Niedersachsens Finanzministerium. Im Fries unter dem Giebel die Wappen der Landschaften Hildesheim, Bremen–Verden, Lüneburg, Calenberg–Göttingen–Grubenhagen, Hoya–Diepholz, Osnabrück und Ostfriesland, aus denen die preußische Provinz Hannover bestand. Durch die Hedwigstraße erreicht man das *Haus der Kestner-Gesellschaft* an der Warmbüchenstraße. Die Kestner-Gesellschaft wurde 1916 zur Pflege zeitgenössischer Kunst gegründet und ist durch ihre vielbeachteten Ausstellungen bekannt.

Vom Provinzial-Ständehaus führt die auf einem ehemaligen Kanal angelegte Straße Schiffgraben nach Süden, wo sie sich mit der alleeartigen Prinzenstraße vereinigt, vorbei an dem 1970–73 von Walter Henn erbauten Haus der Versicherungsgruppe Hannover. Der Straßenzug erreicht den *Aegidientorplatz* (I G4), im Volksmund „Aegi“ genannt. Neun Straßen münden in den Platz, eine zehnte, die 1968 errichtete, etwa 600 m lange Stahlhochstraße, überspannt ihn. Er wird umgeben von eindrucksvollen öffentlichen Bauten, darunter Banken, Versicherungen, die Norddeutsche Landesbank und das Theater am Aegi. Der Platz gibt den Blick frei auf die mächtige Kuppel des Rathauses. An den „Aegi" schließt sich zum Kröpcke hin der *Georgsplatz* (I F/G3) an, einer der architektonisch schönsten Plätze der Stadt. Brunnen, die am Abend angestrahlt werden, Plastiken und Stuhlgruppen machen ihn zu einem beliebten Ruheplatz mitten im Getriebe der Großstadt. Vor der Landesbank die Plastik „L'Air" (Die Luft) von Aristide Maillol.

Nicht weit östlich vom „Aegi" liegen an der Marienstraße die *Gartenkirche* (1887–91) und der ***Gartenfriedhof** (I G/H3), 1741 eröffnet und 1864 geschlossen. An der Kirche Epitaphien, auf dem Friedhof Grabstätten bekannter Persönlichkeiten, darunter die von Charlotte Kestner geb. Buff (Vorbild der Lotte aus Goethes Roman „Die Leiden des jungen Werthers"), Caroline Herschel, der berühmten Astronomin, Georg Friedrich Grotefend, dem Entzifferer der altpersischen Keilschrift, Heinrich Tramm, dem Erbauer des Welfenschlosses, der jetzigen Universität. Bekannt ist auch das *Geöffnete Grab,* dicht an der Kirche. Eine Birke ist aus der Gruft herausgewachsen und hat den mächtigen Grabstein gehoben, auf dem geschrieben steht: „Dieses auf ewig erkaufte Begräbnis darf nie geöffnet werden." In der Nähe ein weiteres Naturereignis: ein um das Eisengitter gewachsener Ahornstamm am Grab des Senators Röhrs.

Auf der Nordwestseite des „Aegi", an der Breiten Straße steht die ***Aegidienkirche** (I F3), eine der ältesten Kirchen der Stadt. Sie wird als Mahnmal für die Opfer der beiden Weltkriege und der Gewalt in der jetzigen Form als Ruine erhalten bleiben. Im Inneren die Plastik „Die Knieende" von Kurt Lehmann. Vom Turm erklingt täglich 5 Minuten nach 9, 12, 15 und 18 Uhr ein *Glockenspiel.* Die Kirche, um 1160 als romanische Basilika erbaut, ab 1347 durch eine gotische dreischiffige Hallenkirche aus Bruchsteinen und Quadern ersetzt, wobei Teile der romanischen Kirche (Westmauer) verwandt wurden, ist 1943 bis auf die Außenmauern und den barocken Turm (1703–17) zerstört worden. An einem Strebepfeiler der Südseite des Chors der *Siebenmännerstein,* wahrscheinlich von 1480. Er ist eines der sieben Wahrzeichen Hannovers (→ S. 24) und soll der Sage nach an sieben bei der Verteidigung des Döhrener Turms zu Tode gekommene Hannoveraner erinnern.

Hinter dem Theodor-Lessing-Platz ist das Rathaus zu sehen. Rechts das Hotel Inter-Continental, links der Kubus mit einer Galerie und einem Ausstellungsraum. Daran anschließend das Haus der Volkshochschule; in ihrer Empfangshalle ein großes farbiges Glasfenster von Gerhard Wendland und die Reste eines alten **Stadtturms,** geschickt in den Bau eingefügt. Er war einer der 32 Türme der Stadtmauer, die Ende des 18. Jhs. abgebrochen wurde. Erhalten blieben außerdem nur der Beginenturm am Hohen Ufer (→ S. 53) sowie Teile der Stadtmauer zwischen Georgsplatz und Osterstraße und am Beginenturm, wo sie in den Bau des Historischen Museums (→ S. 52) einbezogen wurden.

Durch einen Tunnel gelangt man unter dem Friedrichswall hindurch. Dieser wurde, wie auch die Georgstraße, auf den eingeebneten Wallanlagen angelegt, die bis zum Ende des 18. Jhs. außerhalb der Stadtmauer und vor dem Stadtgraben die Stadt umgaben.

Das ***Rathaus** (I E/F4) wurde 1901 von Hermann Eggert aus Berlin begonnen und 1913 von Gustav Halmhuber aus Stuttgart beendet. Es ruht auf einer Eisenbetonsohle, die von 6026 in den weichen Boden des früheren Stadtgrabens gerammten Buchenstämmen getragen wird. Das 129 m lange Gebäude, dessen gewaltige Kuppel mit einer vergoldeten Spitze fast 98 m emporragt, demonstriert eindrucksvoll den auf Repräsentation bedachten Prunkstil der wilhelminischen Epoche. Über dem von Löwen (ob sie brüllen, weil sie in Säulen eingewachsen sind, ist eine beliebte hannoversche Scherzfrage) flankierten Portal die mit Mosaiken geschmückte Ratslaube, über den Fenstern des ersten Stockwerks ein Fries, der Ereignisse der Stadtgeschichte darstellt.

Auf der Rückseite des Rathauses führt eine breite Treppenanlage in den 1901 vom Stadtgartendirektor Julius Trip angelegten *Maschpark* mit altem Baumbestand, Rasenflächen, dem Maschteich und den Plastiken „Schottisches Kreuz" von Henry Moore, „Île de France" von Berto Lardera (gegenüber dem Landesmuseum) und „Aegäis" von Toni Stadler im Maschteich vor der Rathaus-Freitreppe.

Das **Innere** (Führungen → S. 18) des Rathauses entspricht dem repräsentativen Äußeren. In der *Vorhalle* einige symbolhafte Plastiken im Jugendstil. Mittelpunkt ist die große *Kuppelhalle* (30 m lang, 21 m breit, fast 40 m hoch), die zu Ausstellungszwecken benutzt wird. Hier geben vier **Stadtmodelle* einen eindrucksvollen Überblick über die Entwicklung Hannovers seit dem 17. Jh. Um die Halle reihen sich balkonartig die Gänge der einzelnen Stockwerke, die durch die breite Haupttreppe aus Wallenfelser Marmor und zwei steinerne Wendeltreppen verbunden sind. Im ersten Stock liegen einige große Säle, so der *Hodler-Saal* mit dem Gemälde „Einmütigkeit" (Ferdinand Hodler). Die geschnitzte Tür, die Palisanderholztäfelung mit Reliefschnitzerei und die sechs ovalen Stuckreliefs sind beachtenswert. Im ersten Stock befindet sich auch der neue große *Ratssaal,* zu dem der kaum jemals benutzte, im Kriege schwer beschädigte frühere Festsaal nach Plänen von Werner Dierschke umgestaltet wurde. – Ein Schrägfahrstuhl (neben dem Fahrstuhl im Eiffelturm in Paris der einzige dieser Art) führt zur *Kuppel,* von der aus sich ein weiter Blick auf die Stadt und in die Umgebung bietet. Bei gutem Wetter kann man von hier den Gipfel des Brockens im Harz erkennen.

Im Westteil des Maschparks das Haus der Bauverwaltung, bewußt modern gestaltet, fast völlig hinter Bäumen verborgen. Dem Eingang wurde das wohl 1736 geschaffene Portal der abgebrochenen Garde-du-Corps-Kaserne mit dem königlichen Wappen vorgesetzt.

Neben dem Rathaus liegt das ****Kestner-Museum** (I E4), das 1886–89 von Wilhelm Manchot erbaut wurde und seine Gründung Hermann Kestner (1810–1890) verdankt, dem Neffen und Erben des Kunstfreundes und -sammlers August Kestner. Dieser, der vierte Sohn von Goethes Jugendliebe Charlotte Buff, hatte als hannoverscher Gesandter am Vatikan (1817–53) eine umfangreiche Sammlung ägyptischer, griechischer, etruskischer, römischer und auch nachantiker Kunst zusammengetragen. Nachdem 1884 Hermann Kestner sein Erbe der Stadt Hannover vermacht hatte, erwarb diese mit Hilfe des Staates die ebenfalls sehr umfangreiche Sammlung des hannoverschen Buchdruckereibesitzers Friedrich Culemann, deren Schwerpunkt auf den Gebieten der mittelalterlichen Kunst und Buchkunst lag. Durch weitere Stiftungen und Erwerbungen sind die Sammlungen ständig vermehrt worden. Der alte Museumsbau wurde 1958–61 von Werner Dierschke mit einem modernen Mantel umgeben und innen völlig umgebaut; er gilt als ein hervorragendes Beispiel für die Architektur der Nachkriegszeit. Die alte Vorderfront des Gebäudes blieb dabei im Innern erhalten (Öffnungszeiten → S. 17)

Erdgeschoß: *Münzen und Medaillen:* Reiche Bestände vom Altertum bis zur Gegenwart. Besondere Schwerpunkte bilden Münzen der römischen Republik, Brakteaten (einseitig geprägte Münzen) des Mittelalters, Münzen und Medaillen des 16.–20. Jhs. aus Deutschland und Europa sowie Geld aus China. – *Sonderausstellungsraum.*

I. Stock: *Kunsthandwerk vom Mittelalter bis zur Gegenwart:* Sakrale Geräte aus Bronze, Email, Elfenbein und Goldschmiedearbeiten des Mittelalters (Kopfreliquiar des 12. Jhs., Bronze vergoldet, aus Kloster Fischbeck). Kreuzfuß und andere Kostbarkeiten aus dem Schatz der Goldenen Tafel aus St. Michael/Lüneburg und Textilien aus niedersächsischen Frauenklöstern (8.–15. Jh., Besitz des ehemaligen Welfenmuseums). – Objekte der deutschen und italienischen Renaissance, des Barock und Rokoko, des 19. Jhs. und des Jugendstil bis zur Gegenwart: Silber, Glas, Porzellan, Fayencen, Möbel u. a.

II. Stock: *Antike Kunst:* Kleinkunst der antiken Kulturen des Mittelmeerraumes. Geräte aus dem Lebensbereich der Griechen, Etrusker und Römer. Bedeutende

Sammlung griechischer Vasen (8.–4. Jh. v. Chr.). Etruskischer Schmuck, Gemmen und Geräte. Römisches Glas und figürliche Bronzen. Kunst der Insel Cypern. *Ägyptische Kunst:* Die Ägyptische Abteilung vermittelt einen umfassenden Einblick in die altägyptische Kunst und Kultur für den Zeitraum vom 4. Jahrtausend v. Chr. bis in die römisch-christliche Zeit. Eine große Sammlung von kleinen Geräten, Reliefs und Skulpturen veranschaulicht Alltag, Religion und Totenkult. Besondere Anziehungspunkte der Sammlung sind der Kalkstein-Porträtkopf des Echnaton (Gemahl der Nofretete); eine Sitzfigur des Gottes Amun aus der Nach-Amarna-Zeit; ein vier Meter langer Totenbuch-Papyrus (18. Dynastie). Koptische Kunst.

Dem Kestner-Museum gegenüber liegt das **Laveshaus** (I E4), von Georg Ludwig Friedrich Laves 1822–24 für sich selbst erbaut. Im ersten Stock befindet sich eine kleine Laves-Gedenkstätte, am Hause Gedenktafeln für Laves und den General Hugh Freiherr von

Niedersächsische Landesgalerie

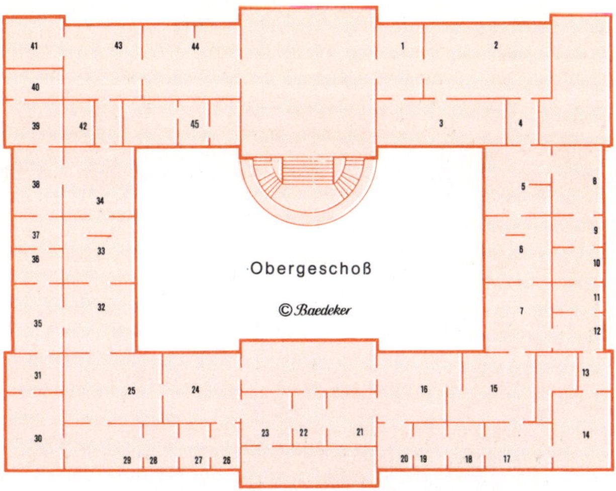

Deutsche und niederländische Kunst vom Mittelalter bis zur Renaissance (1-6, 8-11)
Italienische Malerei des 14.-18. Jhs. (7,12,13, 15,17)
Tonbildschau (14)
Holländische und flämische Malerei des 17. Jhs. (16-24)
Französische Malerei (26,34,38)
Deutsche Malerei vom Barock bis zum Impressionismus (25,27-33,35-37,39-44)
Kupferstichkabinett (45)

Halkett (1783–1863), den Generalinspekteur der hannoverschen Infanterie, der hier wohnte und starb. – Neben dem Laveshaus das **Wangenheim-Palais,** 1829–33 von Laves für den Oberhofmarschall Graf von Wangenheim erbaut, bemerkenswert wegen seiner klassizistischen Fassade. Hier wohnte seit 1852 König Georg V., von 1863 bis 1913 diente es als Rathaus, jetzt beherbergt es das niedersächsische Ministerium für Wirtschaft, Technologie und Verkehr.

Stadtbesichtigung 2: Landesmuseum – Sprengel Museum Maschsee – Sportpark – Funkhaus

In der Nähe des Rathauses, an der Straße Am Maschpark, liegt Hannovers größtes Museum, das ****Niedersächsische Landesmuseum** (I F5), früher Provinzialmuseum. Das 1897–1902 nach Plänen von Hubert Stier im Stil der italienischen Renaissance errichtete Gebäude beherbergt reiche Sammlungen der Urgeschichte, der Naturkunde und Völkerkunde. Im Obergeschoß befindet sich die Niedersächsische Landesgalerie (Öffnungszeiten → S. 17).

Die **Niedersächsische Landesgalerie** (Plan s. S. 41) umfaßt 45 Räume und vereint Gemälde, Altarwerke und Skulpturen aus neun Jahrhunderten von der romanischen Zeit bis zum Beginn des 20. Jhs. Die zahlreichen und bedeutenden Werke der mittelalterlichen Malerei und Plastik entstammen meistens dem königlichen Welfenmuseum (z. B. die Nikolausberger Madonna, der Passionsaltar des Meister Bertram von Minden, die weltberühmte Goldene Tafel aus Lüneburg, der Altar der Barfüßerkirche in Göttingen oder die Skulpturen von Tilman Riemenschneider und Veit Stoss), während die Gemälde aus Renaissance und Barock vor allem auf höfischen Kunstbesitz und die Stiftung privater Sammlungen zurückgehen. Es sei hingewiesen auf Meisterwerke von Vater und Sohn Holbein, Cranach, Burgkmair, Botticelli, Raffael, Bronzino und Pontormo. Auch das 17. und 18. Jh. ist mit Ruisdael, Rubens, Van Dyck, Poussin, Pannini, Guardi und Bellotto repräsentativ vertreten. Einen weiteren Höhepunkt der Galerie bildet die deutsche Malerei des 19. Jhs. mit Gemälden von C. D. Friedrich, Blechen, Schwind, Thoma, Feuerbach, Leibl und Menzel. Umfangreich und bedeutend ist die Sammlung der deutschen Impressionisten, wobei allein Liebermann, Slevogt und Corinth mit 75 Gemälden vertreten sind. Ihr zur Seite tritt eine beeindruckende Gruppe französischer Werke des späten 19. Jhs. mit Arbeiten etwa von Monet, Degas, Vuillard, Renoir, Pissarro, Sisley und Signac. Einen weiteren Schwerpunkt bilden die Arbeiten des Worpsweder Kreises mit einer reichen Sammlung von Werken der Paula Modersohn-Becker.

Das Grafische Kabinett umfaßt Handzeichnungen vom 16. Jh. bis zum Beginn des 20. Jhs. Außerdem gehören Kupferstiche und Holzschnitte des 15./16. Jhs. zu seinen Kostbarkeiten. Unter den Beständen des 19./20. Jhs. kommt der Grafik des deutschen Impressionismus besondere Bedeutung zu.

Die **Naturkunde-Abteilung** präsentiert im Erdgeschoß ein nach ökologischen und tiergeographischen Gesichtspunkten konzipiertes Aquarium mit rund 60 Schaubecken. Die geologischen und biologischen Schausammlungen im ersten Stock vermitteln ein lebensnahes Bild vom Werden und Vergehen der Landschaften des niedersächsischen Raums mit ihren Pflanzen- und Tiergemeinschaften. *Geologie:* Mineralogie und Gesteinskunde, anschauliche Darstellung der Erdgeschichte vom „Urbeginn des Universums" bis heute, Entwicklung des Menschen, Geologie Niedersachsens. *Biologie:* Küsten und offene Landschaften, Vogelzug und Tiergeographie, Wald und Waldschutz, Holz und Holzschutz, Vogelschutz, Mensch und Umwelt (Ökologie), Jagd.

Die **Urgeschichts-Abteilung** gibt einen Überblick über 20000 Jahre Kulturgeschichte. Sie gewährt Einsicht in Wirtschaft und Technik, Siedlungsgeschichte, Totenbrauchtum und Jenseitsvorstellungen unserer Vorfahren. In acht Sälen werden folgende Themen anschaulich behandelt: Jägerkulturen der älteren und mittleren Steinzeit, Ackerbauern der Jungsteinzeit, Großsteingräber, Moorfunde und Moorleichen, Römischer Import und germanisches Kunsthandwerk, Altsachsen, Vom Heidentum zum Christentum.

Die **Völkerkunde-Abteilung** präsentiert eine neue Dauerausstellung im Erdgeschoß, die den Regionen Amerika, Afrika, Asien und Ozeanien gewidmet ist. Südamerika wird durch eine präkolumbische Sammlung vertreten, Nordamerika durch Beispiele der materiellen Kultur indianischer Völker (u. a. Irokesen, Bewohner der Nordwestküste). Die Afrika-Abteilung zeigt Holzschnitzereien aus Kamerun und vermittelt einen Eindruck von der Alltagskultur der Republik Sudan. Eine wertvolle Sammlung aus Tibet, prächtige Schatten- und Puppenspielfiguren aus Indonesien und religiöse Objekte aus Ozeanien ergänzen das Bild außereuropäischer Völker.

Nur wenige hundert Meter vom Niedersächsischen Landesmuseum entfernt entstand am Kurt-Schwitters-Platz Hannovers modernstes Museum, das ***Sprengel Museum Hannover** (I F5). Es ist der Kunst des 20. Jhs. gewidmet und zeigt ausschließlich moderne Kunst internationaler Bedeutung.

Die Gründung des Museums geht auf die Schenkung der Sammlung Sprengel im Jahre 1969 an die Stadt Hannover zurück. Dr. Bernhard Sprengel hatte seine Sammlung seit 1937 zusammengebracht und im Laufe der Zeit um bedeutende Werke führender Künstler und Gruppen erweitert. Die Werke moderner Kunst, die vorher in der Landesgalerie und im Kestner-Museum aufbewahrt wurden, sind in dem von 1976–79 erbauten Museum mit der Sammlung Sprengel vereint. Die Zusammenführung dieser wichtigen Bestände macht das Museum zu einem der bedeutendsten Schauplätze moderner Kunst. Es schlägt den Bogen vom deutschen Expressionismus über den französischen Kubismus bis hin zur sogenannten abstrakten Kunst nach dem Zweiten Weltkrieg und den realistischen Strömungen der 70er Jahre. Einer der Schwerpunkte liegt auf der surrealistischen Malerei, aber auch Arbeiten aus allerjüngster Zeit sind vertreten.

So wie die Sammlungen des Museums die Kunstrichtungen des 20. Jhs. beeindruckend beleuchten, ist auch das Gebäude selbst ein Beleg für abwechslungsreiche moderne Architektur. Es wurde nach einem Bauwettbewerb von den Architekten Peter und Ursula Trint und Dieter Quast entworfen und gebaut. 1992 wurde der 1979 fertiggestellte Bau mit einem zweiten Bauabschnitt in südlicher Richtung fortgesetzt.

Mit Forum und Kinderforum, einer Bibliothek und grafischer Druckwerkstatt verfügt das Museum über Einrichtungen für eine vielfältige museumspädagogische Arbeit. Im Eingangsbereich befinden sich ein Restaurant und ein Buchladen. Vor dem Museum steht am Maschsee wie ein Signal das rote Stabile „Hellebardier" von Alexander Calder (Öffnungszeiten → S. 17).

Die Museumssammlung ist in zwei große Bereiche gegliedert: die Klassische Moderne und die Zeitgenössische Kunst. Weitere Räume sind Werkgruppen vorbehalten. Sonderausstellungen und die Fotogalerie Spectrum setzen weitere Akzente. Die eigenwillige Steinarchitektur des Plastikhofes bietet Raum für wenige ausgewählte Skulpturen.

Die *Sammlung Klassische Moderne* stellt die wichtigen Vertreter moderner Kunst vor. Der erste Rundgang ist dem deutschen Expressionismus gewidmet mit Werken der „Brücke" sowie einzelnen Räumen für Emil Nolde, Max Beckmann, Oskar Kokoschka und Max Ernst. Der zweite Rundgang gilt dem französischen Kubismus. Gezeigt werden Werke von Pablo Picasso, Fernand Léger und dem Bildhauer Henri Laurens. Es schließt sich der dem „Blauen Reiter" bestimmte Raum mit Gemälden von Franz Marc, Alexej von Jawlensky und August Macke sowie Skulpturen von Wilhelm Lehmbruck an. Der dritte Rundgang stellt vor: Paul Klee, Hans Arp, schließlich den Dadaisten und Hannoveraner Kurt Schwitters mit einer Fülle früher und später Collagen, Montagen, sowie Skulpturen. Einen besonderen Akzent setzt die Rekonstruktion des im Zweiten Weltkrieg zerstörten „Merzbaus" von Kurt Schwitters. Didaktische Räume bieten erste Informationen. Unter den Meisterwerken des Museums sind Gemälde von Boccioni, Picasso, Léger, Chagall, die große Skulptur von Gonzalez und der „Dreiklang" von Belling. Man sieht ferner Bildgruppen von Wassily Kandinsky und Lyonel Feininger. Einen weiteren Anziehungspunkt bildet das rekonstruierte „Abstrakte Kabinett" von El Lissitzky (1923) mit dem Vorraum der „abstrakten hannovers". Das „Abstrakte Kabinett" ist einer der frühesten Kunsträume, bei denen die Gestaltung der Wände die ausgestellten Kunstwerke mit einschließt. Bei den hannoverschen Künstlern der 20er und 30er Jahre findet sich auch die Sondergruppe Adolf Hoelzel.

In der *Sammlung Zeitgenössische Kunst* ist die figürliche und gegenständliche Malerei der Gegenwart in ihren unterschiedlichen Richtungen vereinigt. Bei den Werken der Vorläufer sind Giacometti, Moore, Werner Heldt und Marino Marini. Die Fotorealisten und andere Realisten werden den Material- und Objektkünstlern gegenübergestellt. Zwei herausragende Werkgruppen zeigen den Franzosen Dubuffet und den Spanier Tápies. Im Gegensatz zu den realistischen Tendenzen ist die Abstraktion in der gegenwärtigen Kunst zusammengefaßt. Nach der Werkgruppe Willi Baumeister bilden die École de Paris nach dem Zweiten Weltkrieg, Tachismus und Informel aller Nationen sowie die geometrische und konstruktive Kunst dieser Zeit (darunter die Gruppe ZERO) Schwerpunkte.

Die kleinen Formate und die handschriftlichen Techniken sind mit Blättern von Wols, Pollock, Tobey, Bissier vertreten. Schließlich sei eine Auswahl der umfassenden Horst-Antes-Sammlung nicht vergessen.

Das Sprengel Museum Hannover liegt fast unmittelbar an dem künstlich angelegten **Maschsee** (I E/F6), der 1934–36 nach bereits lange vorhandenen Plänen entstand. Er bedeckt eine Fläche von 78 ha, ist 2,4 km lang, 180–530 m breit und etwa 2 m tief. Sein Wasserspiegel liegt 1,5 m über dem der am Westufer vorbeifließenden Leine, sein Grund ist durch eine Tonschicht abgedichtet. Das Wasser erhält er aus den südlich gelegenen Kiesteichen. Am Nordufer in der Nähe des Anlegers der im Sommer regelmäßig verkehrenden Motorboote (→ S. 19) die Säule mit dem „Fackelträger“ und Hannovers sog. kleines Wahrzeichen, der „Fisch mit der Putte“. Beide Plastiken hat Hermann Scheuernstuhl geschaffen. Hier steht auch seit 1979 die Stahlplastik „Hellebardier“ von Alexander Calder. Weitere Kunstwerke am Ostufer: das „Menschenpaar“ von Georg Kolbe, die „Löwen“ von Arno Breker an der Bastion und der „Schwimmer“ von Erich Haberland am Maschsee-Strandbad (Südufer). Im Sommer finden auf dem Maschsee regelmäßig Segel-, Ruder- und Kanuregatten statt. Segel- und Ruderbootverleih am Ostufer. Am Westufer des Sees die Bootshäuser der Kanu-, Ruder- und Segelklubs und das Bootshaus der Motorboote der hannoverschen Verkehrsgesellschaft; am Ostufer außerdem eine Segel-Yacht-Schule. Der etwa 6 km lange Rundweg um den Maschsee gehört zu den beliebtesten Spaziergängen der Hannoveraner.

Gegenüber der *Fackelträgersäule,* die im Olympiajahr 1936 entstand, das *Ehrenmal* für die im April 1945 ermordeten Kriegsgefangenen und Zwangsarbeiter, ein Werk von Nikolai Muchin-Koloda, mit einer Inschrift in vier Sprachen. Am Westende der Promenade das Gebäude für die hannoversche *Spielbank* mit einem Restaurant. Von hier bietet sich ein herrlicher Blick auf den bei günstigem Wetter von Booten belebten See. An der nahen Waterloostraße Hannovers älteste Schule, das *Ratsgymnasium* (1267 erstmals erwähnt), in einem 1952–54 von Werner Dierschke errichteten Gebäude.

Jenseits der Leine liegt der **Sportpark** mit dem Niedersachsen-Stadion, dem Stadionbad, der Landessportschule, der Stadionsporthalle, der Mehrkampfanlage und dem Bundesleistungszentrum Nord. Das *Niedersachsen-Stadion* (I D/E6), Hannovers größte Sportstätte, wurde 1952–54 aus 3,5 Millionen cbm Trümmerschutt erbaut, die hier eine ideale Verwendung fanden. Im Stil der antiken Amphitheater angelegt, bot es Plätze für 74 000 Zuschauer, davon fast die Hälfte Sitzplätze. Für die Fußball-Weltmeisterschaft 1974 wurde es umgebaut, wodurch sich zwar die Gesamtzahl der Zuschauerplätze auf 60 000, davon 40 000 Sitzplätze, verringerte, die Zahl der überdachten Plätze aber von 6000 auf 22 000 stieg. Von den oberen Rängen des riesigen Runds bietet sich ein schöner Blick auf den Maschsee. An der linken Seite des Eingangs steht die Bronzeplastik „Speerwerfer“ von Kurt Lehmann. Die große Fläche der Turnhalle am Nordeingang schmückt ein Mosaik von Eduard Bargheer.

Das *Stadionbad,* 1972 eröffnet, ist Hannovers modernstes Hallenbad. Es wurde 1964–72 nach Plänen von Friedrich Florian Grünberger erbaut und enthält ein wettkampfgerechtes Schwimmbecken von 21 × 50 Metern, ein Nichtschwimmer- bzw. Lernbecken von 360 qm Wasserfläche, ein Planschbecken, eine Sauna und Zuschauerränge. – Die 1964 von Werner Dierschke und Harald Leonhardt erbaute *Sporthalle* ist eine Mehrzweckhalle, in der auch andere Veranstaltungen wie Konzerte oder Eisrevuen stattfinden. Je nach Sportart 2700 bis 6000 Plätze. Vor ihr steht die Bronzeplastik „Staffelläufer“ von Gerhard Marcks.

Das *Bundesleistungszentrum Nord* befindet sich im südlichen Teil des Sportparks und bietet Trainingsmöglichkeiten für Leichtathletik (Halle 90 × 41 m), Schwimmen (Becken 56 × 35,5 m), Fechten (Halle 29 × 22 m), Geräteturnen (Halle 29 × 21 m), Gymnastik und Bodenturnen (Halle 17 × 16 m), Konditionsraum (Halle 16 × 9,5 m).

Zwischen der Leine und dem Maschsee liegen die Bootshäuser der hannoverschen Rudervereine und die Schiffshalle der ÜSTRA AG, die den Bootsverkehr auf dem Maschsee betreibt.

Dem Niedersachsen-Stadion nördlich gegenüber liegt der 1826 angelegte und 1937 wesentlich vergrößerte **Schützenplatz** (I D5/6). Hier werden Hannovers große Volksfeste wie das Schützenfest, Oktoberfest, Zirkus und Catch-Turniere abgehalten. In der übrigen Zeit dient er als Parkplatz für die Stadionbesucher.

An der Südseite des Sportparks, zu erreichen über den Ferdinand-Wilhelm-Fricke-Weg, befindet sich eine der ältesten Wasserregulierungsanlagen Deutschlands, der **Schnelle Graben.** Er wurde vor 1449 angelegt, um den Wasserstand der beiden Flüsse Leine und Ihme auszugleichen. Dadurch sollte ein Ausbruch der Leine nach Westen verhindert werden, der die mittelalterliche Stadt ihrer Wasserzufuhr beraubt hätte. Außerdem wurde dadurch der Betrieb der Wassermühlen gesichert. Heute werden durch einen Verbindungskanal zwischen Leine und Ihme Überschwemmungen erschwert.

Ebenfalls am Südende des Sportparks steht im Ferdinand-Wilhelm-Fricke-Weg 1 die *Jugendherberge* mit 300 Betten.

An der Ostseite des Maschsees eine schöne Allee, das *Rudolf-von-Bennigsen-Ufer,* benannt nach dem nationalliberalen Politiker und Oberpräsidenten der Provinz Hannover Rudolf von Bennigsen (1824–1902). Stadtauswärts links das bis 1952 von Friedrich-Wilhelm Kraemer, Gerd Lichtenhahn und Dieter Oesterlen errichtete **Funkhaus** des Norddeutschen Rundfunks mit hübschem Innenhof. An seinem Südende der 1963 hinzugefügte Große Sendesaal und der 1970 erbaute Funkturm. Hinter dem Parkplatz folgt das Studio Hannover des Zweiten Deutschen Fernsehens. Die Sendetürme stehen im Südwesten der Stadt bei Hemmingen-Westerfeld.

Im weiteren Verlauf des Rudolf-von-Bennigsen-Ufers links die bis 1911 von Johann de Jonge erbaute *Bismarckschule* mit einem nicht öffentlich zugänglichen Planetarium. Südlich des Altenbekener Damms folgen die *Tellkampfschule,* die *Freie Waldorfschule* und der *Stadtfriedhof Engesohde* (→ S. 74). Am Vierthalerweg steht der 1964 von Ludwig Vierthaler errichtete *Arthur-Menge-Brunnen* mit drei springenden Lachsen in Bronze. Er erinnert an den Oberbürgermeister Arthur Menge (1884–1965). Am Südufer des Sees das *Strandbad,* das Platz für 13 000 Besucher bietet, und eine Gaststätte mit Aussichtsterrasse. Südlich des Strandbads führt der Karl-Thiele-Weg nach Westen zur „Maschseequelle“, wo das gereinigte Wasser aus der Leine in den See floß, bis man es durch das noch saubere Grundwasser aus dem Ricklinger Wiesengelände ersetzte. Der Weg wurde nach dem Tischlermeister Karl Thiele (1867–1940) benannt, einem der Anreger für die Anlage des Maschsees.

Stadtbesichtigung 3: Waterlooplatz – Calenberger Neustadt

Behördenbauten des Landes Niedersachsen umgeben den *Waterlooplatz* (I D4), den Georg Ludwig Friedrich Laves seit 1825 anlegte. Er diente ursprünglich als Exerzierplatz. Die 47 m hohe **Waterloosäule** wurde 1826–32 von Laves zur Erinnerung an die in der Schlacht bei Waterloo im Juni 1815 gefallenen Hannoveraner errichtet. Die Säule, die man besteigen kann, wird von einer sechs Meter hohen Siegesgöttin aus Bronze gekrönt, die August Hengst schuf.

An der Westseite des Waterlooplatzes, vom Leibnizufer beginnend, liegen das Niedersächsische Hauptstaatsarchiv, die Evangelisch-reformierte Kirche, das Innenministerium, das Finanzamt Hannover-Mitte und mehrere berufsbildende Schulen. An der Ostseite folgen die Bezirksregierung Hannover, die Wasser- und Schiffahrtsdirektion, das Justizministerium und an der nahen Hardenbergstraße die Oberfinanzdirektion und die Polizeidirektion. Die Waterloostraße führt südlich zur Niedersächsischen Landesbibliothek. Das Gebäude des *Niedersächsischen Hauptstaatsarchivs* wurde 1713–25 von Louis Remy de la Fosse erbaut und 1889–93 um ein Stockwerk und den Flügel zum Waterlooplatz erweitert. Über dem Nordportal das britisch-hannoversche Königswappen mit einem Einhorn ohne Horn. Vor dem Bauwerk das 1849 von Heinrich Kümmel geschaffene Bronzestandbild des Generals Graf Carl von Alten, der die hannoverschen Truppen in der Schlacht bei Waterloo kommandierte. Auf der Rasenfläche links der 1972 aus Wiesbaden nach hier gebrachte Grabstein des Generalleutnants Georg Freiherr von Baring (1773–1848), der mit der Verteidigung des Gehöfts La Haye Sainte wesentlich zum Sieg bei Waterloo beitrug.

Die *Evangelisch-reformierte Kirche* wurde 1896–97 von Hubert Stier für die 1702 von der Kurfürstin Sophie gegründete evangelisch-reformierte Gemeinde erbaut und nach Kriegszerstörungen 1957 von Dieter Oesterlen verändert wiederaufgebaut. Die *Niedersächsische Landesbibliothek,* Waterloostraße 8, wurde 1973–75 von Gerhard Brütt und Heinrich Matthies erbaut. Die Stahlplastik „Bella Vista“ vor dem Gebäude schuf Hans-Jürgen Breuste 1979. Die aus der 1665 von Celle nach Hannover überführten Bibliothek des Herzogs Johann Friedrich hervorgegangene Landesbibliothek bewahrt wertvolle Handschriften und Inkunabeln (Frühdrucke) und vor allem den Nachlaß von Gottfried Wilhelm Leibniz, der sie von 1676 bis 1716 betreute.

Die an den Waterlooplatz nach Norden anschließende **Calenberger Neustadt** zwischen den Flüssen Leine und Ihme entwickelte sich aus dörflichen Anfängen um 1650 zum Regierungsviertel der Welfenresidenz und zum Wohnbezirk der Hofbediensteten. Hier stand die um 1200 von den Grafen von Roden erbaute, dann welfische und 1371 von den Hannoveranern zerstörte Burg Lauenrode. Die Calenberger Neustadt wurde von einem Vogt des Landesherrn verwaltet und erst 1824 mit der Altstadt Hannover vereinigt.

Den Mittelpunkt der Calenberger Neustadt bildet der *Neustädter Markt* (I D3) mit dem 1973–74 von Max Sauk geschaffenen Brunnen mit Skattischen, dem bronzenen „Turm der Früchte" und dem Wasserspeier, der mit zwei Bierleitungen versehen ist. Dem Landwirtschaftsministerium gegenüber das frühere Regierungsgebäude, das 1837–79 in mehreren Abschnitten von Hermann Hunaeus in neuromanischen Formen erbaut wurde. Die Einmündung der Calenberger Straße in das Leibnizufer schmückt der *Duvebrunnen* mit der Bronzegestalt eines Sämanns. Er wurde 1914 vom Bildhauer Georg Herting auf dem Neustädter Markt errichtet und 1954, nachdem ihn Kurt Lehmann überarbeitet hatte, hier wieder aufgestellt. Gewidmet ist er dem Andenken an Johann Duve (1611–79), einem äußerst tatkräftigen und vielseitigen Bürger und Ratsherrn, dem ersten ‚Unternehmer' Hannovers im modernen Sinne, der sich außerhalb der mittelalterlichen Zunftwirtschaft stellte. Das Porträt des Großkaufmanns ist am Kalksteinsockel zwischen Putten zu sehen.

Am Neustädter Markt steht die 1666–70 vom Bauunternehmer Johann Duve nach dem Entwurf eines unbekannten Architekten errichtete Neustädter **St.-Johannis-Kirche,** eine barocke Saalkirche, die man nach Kriegszerstörungen 1956–58 in schlichteren Formen wiederherstellte. Der Glockenturm wurde 1691–1700 aufgebaut, nachdem der erste Kirchturm eingestürzt war. An der Kirche 34 Grabsteine des 17. und 18. Jhs. In dem für die lutherische Hofgemeinde errichteten Gotteshaus Reste des 1759 von Johann Paul Heumann und Johann Friedrich Blasius Ziesenis geschaffenen Kanzelaltars, darunter die Holzfiguren von Christus, Johannes dem Täufer und Moses, hölzernes Rokoko-Taufbecken 1760 von Johann Friedrich Blasius Ziesenis (Original im Landesmuseum) und Memorienschilder mit Pastorenporträts des 17. und 18. Jhs. Eine Marmorplatte in der Südostecke der Kirche mit Bronzeinschrift „OSSA LEIBNITII" bezeichnet die Grabstätte des Philosophen und Universalgelehrten Gottfried Wilhelm Leibniz, des berühmtesten Bürgers von Hannover. Nach dem Tod der kunstsinnigen Sophie (1714) in Ungnade gefallen, starb er vereinsamt 1716 und wurde in der Neustädter Kirche beigesetzt (→ S. 32).

An der Straße Rote Reihe das Landeskirchenamt der Evangelischlutherischen Landeskirche Hannovers. Seinen Ostflügel bildet der 1673 erbaute *Fürstenhof*, in dem 1770 der Premierminister Gerlach Adolf Freiherr von Münchhausen starb, der Gründer der Göttinger Universität. An der Hofmauer des Landeskirchenamts die Gedenktafel für die 1864–70 hier von Edwin Oppler erbaute, 1938 zerstörte und dann abgebrochene *Synagoge*. 1963 wurde die neuerbaute Synagoge an der Freundallee eingeweiht (→ S. 72).

Die Rote Reihe führt zur katholischen Hauptkirche Hannovers, der **Propsteikirche St. Clemens** (I C/D2). Sie wurde 1711–18 von Tommaso Giusti, einem Mitarbeiter des venezianischen Architekten Baldassare Longhena, als barocker Zentralbau errichtet. Nach Kriegszerstörungen wurde sie 1946–57 von Otto Fiederling mit der krönenden Kuppel wiederaufgebaut. Auf der Attika Sandsteinstatuen der Heiligen Kaiser Heinrich II., Elisabeth, Hedwig und Papst Clemens I. (1966; Kurt Schwippert); beiderseits des Altars in den Nischen zwei überlebensgroße Holzfiguren der Apostel Petrus und Paulus aus der Werkstatt von Johann Friedrich Blasius Ziesenis, wohl um 1760; im Eingangsraum zur Krypta der aus der Schloßkirche übertragene Grabstein für den Bischof und Apostolischen Vikar Valerio Maccioni (1631–1676).

Stadtbesichtigung 4: Marktkirche – Altes Rathaus Leineschloß – Historisches Museum

Mittelpunkt der Altstadt ist der *Marktplatz* (I E3), Zentrum des alten Hannover mit der Marktkirche und dem Alten Rathaus. Die **Marktkirche** (St. Georg und St. Jacobus) wurde an der Stelle einer kleineren, wohl nach 1108 erbauten und zuerst 1238 erwähnten romanischen Kirche etwa 1349–1359 als dreischiffige Hallenkirche im Stil der norddeutschen Backsteingotik errichtet. Der Turm, das Wahrzeichen der mittelalterlichen Hansestadt, ist fast 98 m hoch. Schiff und Turm brannten im Kriege aus. 1950/51 wurden sie wiederhergestellt. Sonnen- und Monduhren, Penta- und Hexagramme (fünf- bzw. sechseckige Zeichen, die im Mittelalter magische Bedeutung hatten), schmücken die Giebelfelder des Turms, darunter angeblich das einzige auf der Spitze stehende Pentagramm. – Das 1959 geschaffene Bronzeportal stammt von Gerhard Marcks.

Das **Innere** der Kirche ist in der ursprünglichen Form erneuert; Zutaten späterer Jahrhunderte wurden beseitigt. Der dreiteilige *Schnitzaltar stammt aus der Zeit um 1490, wurde 1663 der Aegidienkirche, dann dem Welfenmuseum übergeben und 1951 wieder hier aufgestellt. Der unbekannte Meister hat auf dem Mittelstück eine figurenreiche Kreuzigungsszene, auf den Seitenfeldern Szenen aus Christi Passion dargestellt. Jede Szene ist von bemaltem und vergoldetem, geschnitztem Baldachinwerk eingerahmt. Die drei farbigen Chorfenster stammen aus der Zeit um 1410 und zeigen die Legenden der Heiligen Georg, Jacobus und Mauritius. In den Seitenapsiden rechts und links des Altarraumes zwei einander ähnliche Taufbecken: links das der Marktkirche, um 1480 aus Messingbronze geschaffen, zeigt spätgotisches Baldachinwerk und je eine hochreliefierte Einzelfigur auf den Flächen des zehnseitigen Beckens; rechts das Taufbecken der Aegidienkirche, das nach deren Zerstörung hier aufgestellt wurde, mit bronzenen Gußstücken auf einem schmiedeeisernen Gerüst, Ende des 15. Jhs. entstanden. Die neue Orgel, 1954 erbaut, wurde von Dieter Oesterlen entworfen.

Unter der Marktkirche, zwischen starken, in den Raum einbezogenen romanischen Säulenunterbauten der ersten Kirche, die das Schiff tragen, der Bödekersaal, der neue Gemeindesaal. An der Nordseite der Kirche steht die von Carl Dopmeyer 1879 errichtete Bronzestatue des Pastors Hermann Wilhelm Bödeker (1799–1875), eines jederzeit hilfsbereiten Menschenfreundes und alten hannoverschen Originals. Das Lutherdenkmal (Carl Dopmeyer und Ferdinand Hartzer 1899–1900) an der Südseite zeigt auf hohem Sockel in Bronze die Gestalt des Reformators.

Der Kirche gegenüber steht das ***Alte Rathaus,** das jetzt das zentrale Standesamt und – wie seit Jahrhunderten – den *Ratskeller* beherbergt. Als Nachfolgebau einer um 1230 errichteten Kaufhalle 1409–55 im Stil der Backsteingotik erbaut, ist es der schönste mittelalterliche Profanbau der Stadt. Sehenswert ist der Tonfries, der über dem Erdgeschoß drei Seiten des alten Baues umzieht. Auch sonst viel Bemerkenswertes, z. B. die Fialengiebel an der Schmiedestraße und der Köbelingerstraße, der Fratzenkopf neben dem Portal an der Köbelingerstraße und im Tonfries die Darstellung des Luderziehens, eines derben mittelalterlichen Brauchs (→ S. 24). Der Ratskeller ist die älteste Gaststätte Hannovers, im ersten Stock liegt der Rathaussaal. Die zur Karmarschstraße gelegenen Teile sowie der sog. „Dogenpalast" an der Köbelingerstraße sind im 19. Jh. entstanden.

Zwischen Marktkirche und Rathaus der zierliche neugotische *Marktbrunnen,* 1881 in Bronze von Conrad Wilhelm Hase entworfen, mit den Plastiken der „Blumenverkäuferin" und der „Fischhändlerin" von Wilhelm Engelhard. Die Gedenktafel am Haus Hanns-Lilje-Platz 3 erinnert daran, daß hier im Vorgängerbau August Wilhelm und Friedrich von Schlegel (→ S. 33) geboren wurden.

Der Marktplatz und die Fußgängerzone um den Kröpcke werden durch die Grupenstraße verbunden. Auf dieser Straße ein Brunnen mit der Plastik „Spielende Kinder" von Kurt Lehmann. – Vom Marktplatz aus führt die Knochenhauerstraße zum Ballhof, die

Kramerstraße als Fußgängerzone zum Leineschloß und zum Historischen Museum am Hohen Ufer. An beiden Straßen schöne alte Fachwerkfassaden.

Am Ostufer der Leine ist das **Leineschloß** (I E3) das beherrschende Bauwerk dieses Gebietes, der Sitz des Niedersächsischen Landtages und damit heute wie einst Mittelpunkt des Regierungsviertels. In den Jahren 1637–42 wurde es unter Herzog Georg erbaut, der 1636 seine Residenz nach Hannover verlegt hatte. Georg Ludwig Friedrich Laves baute das Schloß 1817–42 im klassizistischen Stil um und schuf dabei den Portikus an der Leinstraße, einen mächtigen, von sechs korinthischen Säulen getragenen Vorbau. Dieser blieb erhalten, während das Gebäude 1943 ausbrannte. 1958–62 wurde das Leineschloß für den Landtag nach Plänen von Dieter Oesterlen wiederaufgebaut. Im Inneren viele Kunstwerke, darunter wertvolle Gobelins. Links des Mittelhofes Büsten von Reichspräsident Ebert (Georg Kolbe), Bundespräsident Heuss (Gerhard Marcks) und Ministerpräsident Hinrich Wilhelm Kopf (Hermann Scheuernstuhl). An der der Leinstraße zugewandten Außenwand des Plenarsaales die von Jürgen Weber gestalteten drei Fahnenhalter „Die Windgötter“ (Sturm-, Regen- und Sonnenwind). Die früher in der Fürstengruft der Schloßkirche ruhenden Gebeine hannoverscher Fürsten und Fürstinnen, darunter die von König Georg I. von England, Herzog Johann Friedrich, Kurfürst Ernst August und der Kurfürstin Sophie, wurden in das Mausoleum im Berggarten Herrenhausen überführt (vgl. S. 65).

Auf dem Hinrich-Wilhelm-Kopf-Platz zwischen dem Portikus und dem Sozialministerium steht seit 1955 der *Schloßbrunnen,* der 1828–1914 seinen Platz auf dem Neustädter Markt hatte und dann an der Goethestraße stand. Anstelle des Sozialministeriums stand das im Kriege zerstörte *Alte Palais,* Geburtshaus der Königinnen Luise von Preußen und Friederike von Hannover. In dem zuvor hier stehenden Haus wurde 1526 von Cord Broyhan das einst berühmte „Broyhan-Bier“ erfunden, das den Ruf Hannovers als Bierstadt begründet hat.

Das ***Historische Museum** (I D/E3), 1903 als „Vaterländisches Museum“ gegründet, bezog 1966 seinen von Dieter Oesterlen entworfenen Neubau am Hohen Ufer. In den Bau wurden der 1357 errichtete

Beginenturm, der letzte erhaltene Turm der mittelalterlichen Stadtbefestigung, Reste der Stadtmauer und des herzoglichen Zeughauses integriert. Die Ausstellungsräume der Schausammlung gruppieren sich um einen stilvollen Innenhof und bieten zugleich reizvolle Ausblicke auf die Alt- und Neustadt Hannovers. Alle Objekte, die das Museum zeigt, haben unmittelbare oder mittelbare Beziehungen zur Landeshauptstadt Hannover (Öffnungszeiten → S. 17).

Das Museum umfaßt die folgenden Abteilungen:

Erdgeschoß: *Landesgeschichte* – Vom Fürstentum Calenberg bis zum Königreich Hannover. Besondere Attraktionen der Abteilung sind die Prunkwagen aus dem hannoverschen Marstall, Leihgaben des Prinzen von Hannover, ein Münzlehrlingsgewand vom Oberharz und die barocken Gemälde aus dem Schloß Linden.

1. Obergeschoß: *Stadtgeschichte* – Ein chronologischer, in sieben *Kapitel* gegliederter Rundgang informiert über die Entwicklung der Stadt Hannover von deren Anfängen im hohen Mittelalter bis in die 80er Jahre unseres Jahrhunderts. Politische, wirtschaftliche, soziale und kulturelle Aspekte der hannoverschen Stadtgeschichte sind in einzelnen Epochen zusammengefaßt, in denen der Besucher den für die jeweilige Zeit charakteristischen Zeugen der Vergangenheit begegnet. Besonders eindrucksvoll sind die Wohnrauminszenierungen, die Lebensbereiche unterschiedlicher sozialer Schichten zu verschiedenen Zeiten darstellen, die Präsentation städtischer Kleidung, das Ratssilber sowie die PKWs der Marke Hanomag.

2. Obergeschoß: *Volkskunde* – Diese Abteilung bietet Einblicke in das ländliche Leben Niedersachsens vom 17. bis 20. Jh. In den Bereichen Bauernhäuser, Leben und Arbeiten, Möbel und Landhandwerk, ländliche Kleidung, Landwirtschaft sowie Stadt-Land-Beziehungen wird nicht nur traditionelles Sachgut des alten Dorfes gezeigt. Es werden auch die Veränderungen des Landlebens infolge von Technisierung und Industrialisierung vorgestellt. Blickpunkte der Abteilung sind die Bauernhausmodelle, eine Bauernstube aus dem 17. Jh. und die ländliche Kleidung.

Stadtbesichtigung 5: Ballhof – Kreuzkirche – Goseriede – Georgstraße

Am Museum der Holzmarkt (I E3) mit schönen alten Fachwerkfassaden und dem *Holzmarktbrunnen* (1896; Karl Gundelach); die Figur des Schmieds und der baldachinartige Aufbau wurden im Kriege zerstört und 1955 von dem Bildhauer Friedrich Adolf Sötebier erneuert. In eine Gruppe von drei Gebäuden wurde eine Kopie der Fassade des im Zweiten Weltkrieg zerstörten Leibnizhauses, des schönsten Renaissance-Bürgerhauses Hannovers, eingefügt. Das Gebäude dient als Begegnungsstätte für Wissenschaft und Forschung und enthält eine ständige Leibniz-Ausstellung (→ S. 18).

HANNOVER II
0 250 500 1000 1500 m
A
B
C
D
1
2
3
4
5
6
Nienburg
Wunstorf
Hameln
Göttingen
'82
B 6
B 441
B 65
B 217
B 3
Bf. H.-Leinhausen
Bf. H.-Hainholz
Bf. H.-Linden
Leine
Ihme
Westschnellweg
Haltenhoffstr.
Berggarten
Fachhochschule
Herrenhäuser Str.
HERRENHAUSEN
Großer Garten
OSTSTADT
Engelbosteler Damm
Georgengarten
Welfengarten
Wilh.-Busch-Mus.
Universität
Nienburger Str.
Wunstorfer Str.
Bremer Damm
Harenberger Str.
LIMMER
Lindener Hafen
Limmerstr.
LINDEN
DAVENSTEDT
Lavesallee
Badenstedter Str.
Bornumer Str.
Fachhoch
BADENSTEDT
BORNUM
Fr.-Ebert-Str.
Bückeburger Allee
Nenndorfer Str.
MÜHLEN-BERG
Hamelner Chaussee
OBER RICKLINGEN

E
F
G
H
LIST
Kartographie Podschadli
B 3
Walderseestr.
Eilenriede
NORD-STADT
Ferd.-Wallbrecht-Str.
Hohenzollernstr.
Lister Meile
Hamb.-Celler Str.
Allee
Messeschnellweg
Med. Hochschule
Zoologischer Garten
Hindenburgstr.
KLEEFELD
Staatl. Hochschule f. Musik u. Theater
Eilenriede-stadion
Hauptbahnhof
Stadthalle
Berckhusenstr.
Berliner
Stadtpark
Braunschweig
Bf. H.-Kleefeld
Allee
H.-Böckler-Allee
Kirchröder Str.
Tierärztl. Hochschule
Marienstr.
Rathaus
Sallstr.
Bischofsholer Damm
Eilen-riede
NDR
Hildesheimer Str.
Lindenannallee
Maschsee
SÜD STADT
Bf. H.-Bismarckstr.
Altenbekener Damm
Rud.-v.-Bennigsen-Ufer
WALDHEIM
Peine
B 65
Messeschnellweg
WALDHAUSEN
SEELHORST
B 6
Messe
Südschnellweg
DÖHREN
Leine
Hildesheim
1
2
3
4
5
6

Auf der Burgstraße erreicht man den **Ballhof** (I E3), den Herzog Georg Wilhelm 1649–64 für ein damals beliebtes Ballspiel erbauen ließ. Später diente das Gebäude als Theater-, Konzert- und Versammlungssaal, und heute ist es das Schauspielhaus der Niedersächsischen Staatstheater. Den Platz schmückt der 1975 von Helmut Otto Schön geschaffene Ballhofbrunnen. – An der Burgstraße 12 Hannovers schönstes Fachwerkhaus. Es wurde 1566 wohl vom Hildesheimer Zimmermeister Hinrich Holste erbaut. Sehenswert ist auch der idyllische Hof mit dem 1564 errichteten Hinterhaus.

Gegenüber steht die **Kreuzkirche,** ein einschiffiges gotisches Gotteshaus von 1333. Die Barockhaube des Glockenturms wurde 1651–54 hinzugefügt. An der Südseite die 1655 als Grabstätte für den Großkaufmann Johann Duve erbaute Duvekapelle. Die Annenkapelle an der Nordseite dient seit 1961 als serbisch-orthodoxe Kirche des heiligen Sava und enthält beachtenswerte Ikonen. – Das Altarbild der Kreuzigung Christi wurde um 1540 (?) von Lucas Cranach dem Älteren gemalt. Die Bronzetaufe entstand um 1440. Unter den Grabdenkmälern des 14.–18. Jhs. sind das des Stadthauptmanns Dietrich von Rinteln († 1321), das älteste in Hannover, und das des Bürgermeisters Johann vom Steinhaus († 1332), mit der frühesten Darstellung einer ganzen Familie, beachtenswert. Vom Ballhof gelangt man über die Straße Roßmühle, unter dem 1714 von Louis Remy de la Fosse geschaffenen *Marstalltor* mit dem ältesten britisch-hannoverschen Königswappen hindurch, zum Hohen Ufer der Leine und blickt hinüber zur Calenberger Neustadt (→ S. 49). An die frühere *Pferdeschwemme* erinnert die Bronzeplastik „Mann mit Pferd“ (1957; Hermann Scheuernstuhl). Hier findet beiderseits der Leine an jedem Sonnabend der stets stark besuchte Flohmarkt statt. Im Flohmarktbereich stehen seit 1974 die „Nanas“, drei frauenähnliche Figuren von Niki de Saint Phalle.

Zunächst dem Verlauf der Leine flußabwärts folgend, erreicht man durch die Brühlstraße, vorbei am Arbeitsamt mit dem davorgesetzten Giebel der Clevertorwache von 1791 und am 74 m hohen Hochhaus der Allianz-Versicherung, den *Königsworther Platz* (I C1). Hier das 1953 nach Plänen von Ernst Zinsser und Werner Dierschke erbaute frühere Verwaltungsgebäude der Continental AG, das für Institute der Universität Hannover erweitert wird. Links in der Schloßwender Straße, neben dem Haus von J. C. König & Ebhardt, dem ältesten Hersteller von Geschäftsbüchern, das *Gutenberg-Denkmal* (1890; Carl Dopmeyer). Wenige Schritte davon entfernt beginnt mit der Herrenhäuser Allee das Gebiet der Herrenhäuser Königsgärten (→ S. 58).

Stadteinwärts grenzt an das Continental-Hochhaus der **Neustädter St.-Andreas-Friedhof** (I C1) mit interessanten Gräbern, u. a. dem des Komponisten Heinrich Marschner (1795–1861), des Leibarztes und Schriftstellers Johann Georg Zimmermann (1728–95) und des Herzoglichen Türhüters Christoph Münster (1632–76), der in seiner Lebensgröße von 2,48 m auf dem Grabstein abgebildet ist und deshalb den Beinamen „langer Christoph" trägt.

Die Otto-Brenner-Straße führt von hier zur *Goseriede,* der einstigen Gänseweide, woran der *Gänseliesel-Brunnen* (1898; Carl Dopmeyer) auf dem Platz Am Steintor erinnert. Am Klagesmarkt das Hochhaus des Deutschen Gewerkschaftsbundes. An der Nordseite des Platzes die 1859–64 von Conrad Wilhelm Hase errichtete *Christuskirche,* ein Musterbeispiel für die neugotische Bauweise der Hannoverschen Architekturschule.

Im Winkel zwischen Klagesmarkt und Postkamp liegt der von der Celler Straße durchschnittene **Nikolai-Friedhof** (I D/E1) mit der Ruine der *Nikolaikapelle,* der früheren Kapelle des Stiftes St. Nikolai und dann der englischen Gemeinde mit dem erhalten gebliebenen Chor (um 1325). Sie war einst die Kapelle der Aussätzigen. Auf dem Friedhof das *Hölty-Denkmal* (1901; Karl Gundelach und Otto Lüer) zur Erinnerung an den Dichter Ludwig Heinrich Christoph Hölty (1748–76), der in Hannover starb und auf diesem Friedhof ruht (Grab unbekannt).

Beherrschendes Gebäude an der Goseriede ist das 1927/28 erbaute *Anzeiger-Hochhaus,* ein Skelettbau mit Klinkerverkleidung und kupferbeschlagener Kuppel. Die Fassade gliedern plastisch hervortretende senkrechte Zierbänder. Erbauer dieses bedeutenden Zeugnisses expressionistischer Architektur ist Fritz Höger, der auch das Hamburger Chilehaus baute. Es beherbergt Verlage und ein Kino. Der Platz Am Steintor (I E1/2) wurde nach einem mittelalterlichen Stadttor genannt. Das an seinem südlichen Rand gelegene Vergnügungsviertel ist nicht jedem zu empfehlen. Vom Steintor führen die Kurt-Schumacher-Straße zum Hauptbahnhof und die Georgstraße zum Kröpcke. Die Georgstraße (→ S. 36), jetzt Fußgängerzone, führt mitten durch das Einkaufszentrum Hannovers.

ÄUSSERE STADTTEILE

Stadtbesichtigung 6: Georgengarten – Wilhelm-Busch-Museum Universität – Großer Garten Herrenhausen – Marienwerder

Am Königsworther Platz (I C1) beginnt Hannovers „grünes Juwel", die Herrenhäuser Königsgärten. Dazu gehören der Georgengarten, der Welfengarten, der Große Garten und der Berggarten. Diese Gärten liegen rechts, links und am Ende der Herrenhäuser Allee. Die fast 2 km lange, 37 m breite Allee wurde in den Jahren 1726–27 von Ernst August Charbonnier angelegt und in vier Reihen mit 1219 Linden bepflanzt. Die Bäume wurden in den Jahren 1972–74 vollständig neu angepflanzt.

Links der Allee der nach König Georg IV. benannte **Georgengarten.** Der ursprünglich zum Wallmodenschlößchen gehörende Garten entstand seit 1769 durch Zusammenlegung einzelner sog. Lustgärten adeliger Familien und wurde 1835–42 von Franz Christian Schaumburg als Landschaftsgarten umgestaltet. Mit seinen weiten Rasenflächen, herrlichen alten Bäumen, gewundenen Wegen und stillen Teichen entspricht er ganz dem Stil der englischen Parks, weshalb er früher auch „Englischer Garten" genannt wurde. Im Georgengarten das *Wallmodenschlößchen,* in dem sich jetzt das Wilhelm-Busch-Museum befindet. Es wurde 1779–82 von Johann Christoph Täntzel für den Feldmarschall und Reichsgrafen Johann Ludwig von Wallmoden-Gimborn, einem Diplomaten und Kunstsammler, errichtet. Er brachte hier seine Kunstsammlungen unter, von denen sich heute ein Teil im Landesmuseum befindet. 1818 gingen Schloß, Garten und ein Teil der Sammlungen in königlichen Besitz über. Georgengarten und Wallmodenschlößchen wurden 1921 Eigentum der Stadt Hannover, Großer Garten (ohne Schloß Herrenhausen) und Berggarten 1936. Das Schlößchen wurde 1950 der Wilhelm-Busch-Gesellschaft zur Verfügung gestellt, die 1943 ihr erstes Museum in der Innenstadt bei der Zerstörung Hannovers verloren hatte.

Das ***Wilhelm-Busch-Museum/Deutsches Museum für Karikatur und kritische Grafik** (II C2; Öffnungszeiten → S. 18) beherbergt das von der 1930 gegründeten Wilhelm-Busch-Gesellschaft gesammelte malerische, zeichnerische und dichterische Werk Wilhelm Buschs. In einer ständigen Wilhelm-Busch-Ausstellung im Hauptgebäude des Museums sind Beispiele seines vielfältigen Schaffens dokumentiert. Die Wilhelm-Busch-Gesellschaft besitzt den größten Teil des bekannten Werkes von Wilhelm Busch: Gemälde, Zeichnungen nach der Natur, die Originale fast aller Bildergeschichten Buschs, darunter „Max und Moritz", „Der heilige Antonius", „Die fromme Helene", „Julchen" und „Maler Klecksel", ferner die Manuskripte der Prosawerke, den Hauptteil der Briefe, Erinnerungsstücke und die Erstausgaben sämtlicher Busch-Werke (vgl. auch S. 33).

Zweiter Arbeitsschwerpunkt des Museums ist das Gebiet der Karikatur und kritischen Grafik. In knapp 30jähriger Sammeltätigkeit entstand die Sammlung Karikatur und kritische Grafik, die Arbeiten von Künstlern wie William Hogarth, George Cruikshank, Karl Arnold, Paul Flora, Kurt Halbritter, Ronald Searle, Tomi Ungerer und F. K. Waechter enthält. Außerdem bewahrt sie eine Heinrich-Zille-Sammlung als Dauerleihgabe der Zille-Stiftung Hannover. Im Westflügel des Museums werden jährlich etwa sechs Sonderausstellungen aus dem Bereich Karikatur und kritische Grafik gezeigt.

In der Nähe des Museums der 1777 hier aufgestellte *Hundestein,* ein 12 m hoher Obelisk, der einer Sage nach an eine Prinzessin erinnern soll, die hier ins Wasser fiel und von einem Windhund gerettet wurde. Weiter nördlich am Teich die 1840 von Georg Ludwig Friedrich Laves erbaute *Augustenbrücke* und der 1790 entstandene **Leibniztempel.** Die Büste des Philosophen schuf der Ire Christopher Hewetson, den von zwölf ionischen Säulen getragenen Tempel der Hofrat Johann Daniel Ramberg, Vater des Malers Johann Heinrich Ramberg. Das Denkmal wurde 1935 hierher versetzt, früher stand es an der Adolfstraße.

Nordöstlich der Herrenhäuser Allee liegt an der parallel verlaufenden Nienburger Straße der 38 ha große **Welfengarten.** In seiner Mitte erhebt sich das *Welfenschloß,* das Hauptgebäude der Universität Hannover.

Die **Universität Hannover** (II D2), 1831 als Gewerbeschule gegründet, später zum Polytechnikum, dann zur Technischen Hochschule und schließlich 1978 zur Universität erhoben, siedelte 1879 in das Welfenschloß über. Das Schloß ist 1857–66 von Heinrich Tramm

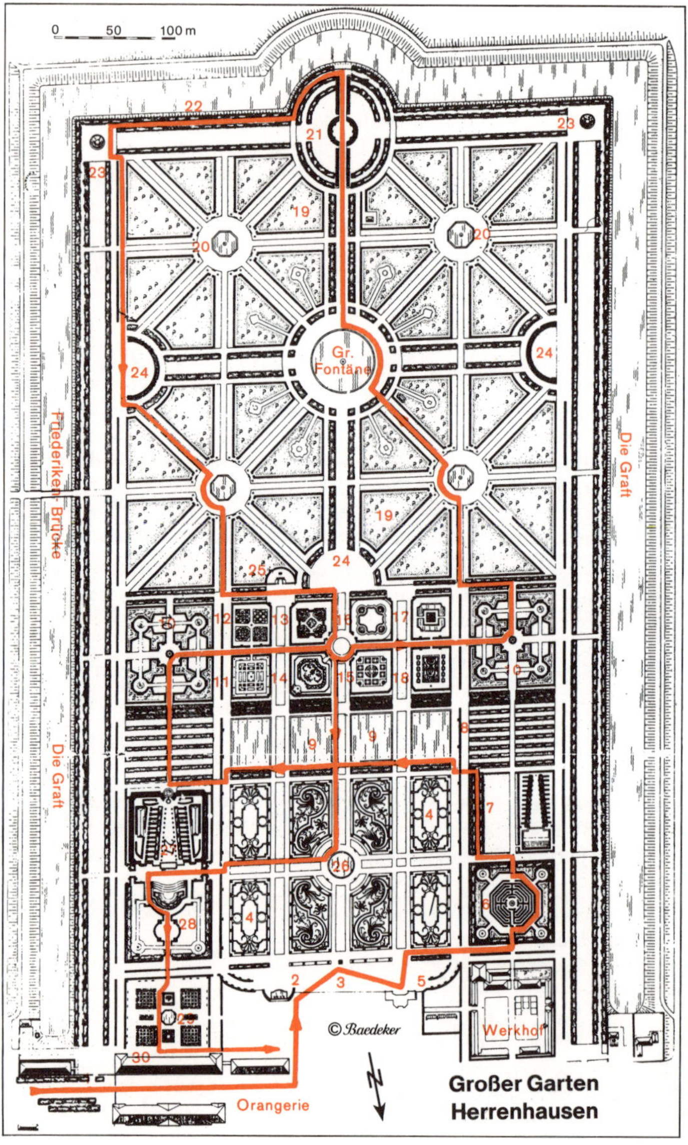

0 50 100 m
22
21
23
19
20
24
Gr. Fontäne
Friederiken-Brücke
Die Graft
25
12
13
16
17
10
11
14
15
18
9
8
7
4
27
26
6
28
2
3
5
29
30
© Baedeker
Werkhof
Orangerie
Großer Garten Herrenhausen

an der Stelle des 1720 errichteten, 1857 abgebrochenen Schlosses Monbrillant erbaut worden. Als der hannoversche König Georg V. nach dem Krieg von 1866 Land und Krone verlor, wurde das halbfertige Gebäude vom preußischen Staat übernommen und 1870/71 als Lazarett verwendet. Nach der Fertigstellung durch Hermann Hunaeus zog die Universität ein, deren Institute jetzt zum Teil in benachbarten Neubauten untergebracht sind.

Vor dem Welfenschloß das ***Sachsenroß,** das Wappentier Niedersachsens. Es wurde 1865 von Albert Wolff gestaltet, in Anlehnung an die vor dem Alten Museum in Berlin stehende Gruppe des Löwenkämpfers von demselben Künstler.

Von der Nienburger Straße aus erreicht man über die Straßen Welfengarten und Wilhelm-Busch-Straße den alten *Jüdischen Friedhof.* Er wurde vermutlich schon vor 1600 eröffnet, 1865 geschlossen; historisch interessante Grabsteine, darunter auch das Grab der Großeltern von Heinrich Heine. Der zweite Friedhof der jüdischen Gemeinde liegt ebenfalls in der Nordstadt, An der Strangriede 55 A. Er wurde seit 1863 von Edwin Oppler angelegt, und man findet hier ebenfalls viele Gräber von Personen, die aus der Stadtgeschichte bekannt sind. Das Leichenhaus in neugotischen Formen ist zu einer Gedenkstätte umgestaltet worden. Der jetzige jüdische Friedhof befindet sich im Stadtteil Bothfeld.

Am Ende der Herrenhäuser Allee liegt links der ****Große Garten Herrenhausen** (Öffnungszeiten → S. 18). Das einst die Anlage im Norden abschließende *Schloß Herrenhausen* wurde im Krieg völlig zerstört, erhalten blieben die *Galerie* und die *Orangerie*, 1723 von Johann Christian Böhme für die damals vorhandenen 600 Orangenbäume errichtet und 1823 von Georg Ludwig Friedrich Laves umgebaut. Jetzt finden dort wechselnde Ausstellungen statt sowie die jährliche Kunst- und Antiquitätenmesse im Frühjahr.

Die **Galerie** (II C1) wurde 1698 nach Plänen von Johann Peter Wachter von Brand Westermann fertiggestellt. Sie enthält in den Flügeln Wohnräume und im Mittelstück den Festsaal, einen langgestreckten Raum, der einst für höfische Feste verwendet wurde.

1 Steintafel	11 Niederdt. Blumengarten	21 Vollmond
2 Kaskade	12 Renaissancegarten	22 Graft
3 Sonnenuhr	13 Barockgarten	23 Pavillons
4 Luststück	14 Rokokogarten	24 Halbmonde
5 Grotte	15 Niederdt. Rosengarten	25 Dkm. Kurfürstin Sophie
6 Irrgarten	16 Rasengarten	26 Glockenfontäne
7 Aussichtsterrasse	17 Inselgarten	27 Gartentheater
8 Lindenstücke	18 Springwassergarten	28 Königsbusch
9 Wasserspiele	19 Bosketts	29 Parterre à oranges
10 Boskettgärten	20 Kleine Fontänen	30 Galerie

Nach dem Krieg spielte hier 1945–50 die Oper, heute dient er als Konzertsaal für die sommerlichen Veranstaltungen „Musik und Theater in Herrenhausen“ (Konzerte, Oper, Komödie, Schauspiel, Ballett, Lichterfeste). Die Fresken in den Wohnräumen und im Saal (hier der Aeneasfries, der größte Freskenzyklus Norddeutschlands) schuf der Venezianer Tommaso Giusti, die Stukkaturen sind ein Werk des Italieners Dossa Grana. Die 1866–68 und nach dem Zweiten Weltkrieg restaurierten Fresken zeigen Szenen aus der Aeneas-Sage und Wappen. Die Decke ist durch ein riesiges Bandornament gegliedert, das im alten Stil erneuert wurde. An den Schmalseiten der Galerien springen in Höhe der oberen Flügelgeschosse konkav eingezogene Musikemporen vor. In den jetzt wiederhergestellten Räumen der Galerieflügel wohnte Kurfürstin Sophie (1630–1714), die Vollenderin des Großen Gartens, eine der bedeutendsten Frauen des 17. Jhs., die zusammen mit Leibniz den hannoverschen Hof zu einem Mittelpunkt europäischer Politik und Kultur machte.

Der **Große Garten** (50,2 ha) selbst ist eine der wenigen Gartenanlagen aus der Zeit des Barock in Deutschland, die nahezu unverändert die Jahrhunderte überdauerte. Er gehört zusammen mit den Gärten von Schönbrunn und Versailles zu den bedeutendsten barocken Gartenanlagen und ist heute das wichtigste Beispiel für den holländisch-niederdeutschen Stil. Die Bedeutung der Herrenhäuser Königsgärten beruht, abgesehen von dem Eigenwert jedes einzelnen Gartens, darauf, daß hier dicht beieinander die drei vorherrschenden Gartentypen, der Landschaftsgarten, der Kunstgarten und der botanische Garten, in hervorragenden Beispielen drei Jahrhunderte europäischer Gartenkunst verkörpern.

Anfänge des Großen Gartens reichen bis 1666 zurück. Damals ließ Herzog Johann Friedrich von dem Gärtner Michael Große südlich des damals noch sehr einfachen Schlosses einen Lustgarten in der Gegend des heutigen Parterrestückes anlegen, den der Cellische Hofgärtner Henri Peronnet kunstvoll ausgestaltete. Als 1679 Herzog Ernst August seinem Bruder in der Regierung gefolgt war, begann seine Gemahlin, die Kurfürstin Sophie, aus diesem kleinen Lustgarten den „Großen Garten“ zu entwickeln. Erst 1714, kurz vor ihrem Tode, war das Werk vollendet, woran vor allem der Hofgärtner Martin Charbonnier beteiligt war. Ehe er an die Arbeit ging, wurde er auf Studienreise nach Holland geschickt, wo er in den heute bis auf Het Loo nicht mehr vorhandenen Gärten von Nieuwburg, Honslaerdyk und Het Loo die entscheidenden Anregungen erhielt. Le Nôtre, der Gartenarchitekt Ludwigs XIV., dem man früher die Planung des Herrenhäuser Gartens zuschrieb, hat mit der Anlage des Gartens unmittelbar nichts zu tun.

Rundgang. Wir betreten den Großen Garten durch das Tor zwischen Galerie und Orangerie. Links neben dem früheren Eingang steht eine um 1720 angebrachte *Tafel* (1) mit merkwürdigen, weil heute nicht mehr zeitgemäßen Verhaltensmaßregeln. In dem auf drei Seiten von der Graft umschlossenen barocken Garten ist alles nach dem Willen des Menschen gestaltet; auch die Natur muß sich ihm fügen. Nur die Linde, die Hainbuche, der Taxus und der Buchsbaum können dies tun, ohne Schaden zu leiden; so sind auch nur diese Baumarten in dem Garten zu finden. Typisch für den Garten der damaligen Zeit sind die Hainbuchenhecken, von denen es mehr als 21 km im Großen Garten gibt.

Den Schwerpunkt des vorderen Teils des Gartens bildet das *Große Luststück* (4), ein Parterre, durch Wege in acht Rechtecke geteilt, von denen besonders die mittleren mit vier kunstvollen Ornamenten (Broderien) ausgelegt sind. Außerdem sind sie in rhythmischer Folge mit Taxuspyramiden geschmückt und von Blumenrabatten eingerahmt, wobei es dem Stil des Gartens entspricht, daß die Blumen in erster Linie durch ihre Farben wirken. Unter den 32 Plastiken, die im Luststück aufgestellt sind, sind besonders bemerkenswert die acht Blumenvasen des norddeutschen Künstlers Christian Georg Vick, die Jahreszeiten und die Elemente darstellend. Sie stehen an den Schnittpunkten der Wege östlich und westlich der Glockenfontäne, des Mittelpunktes des Luststückes. Die Entführungsgruppen rund um die Glockenfontäne stammen von dem italienischen Künstler Antonio Laghi. Am Beginn der Mittelachse des Gartens die von Brand Westermann geschaffene *Sonnenuhr* (2), die ungefähr eine Viertelstunde nachgeht, weil zur Zeit ihres Entstehens die einheitliche mitteleuropäische Zeit noch nicht eingeführt war.

Garteneinwärts gesehen links die *Kaskade* (3), 1676 erbaut und mit Muschelwerk, Tropfsteinen, verschiedenen Mineralien und Skulpturen geschmückt, rechts die *Grotte* (5), 1676 errichtet, mit Plastiken des Meeresgottes Neptun und acht Putten auf dem Dachrand.

Zwischen dem das Parterrestück abschließenden Gitter und der Mauer zur Herrenhäuser Straße lag früher das von 1665 an erbaute, 1704–06 von Brand Westermann veränderte und 1820–21 von Laves im klassizistischen Stil umgestaltete *Schloß Herrenhausen,* im Krieg zerstört. Rechts des Luststückes der *Irrgarten* (6), dessen Mittelpunkt, ein kleiner Holztempel, bereits nach 15 m zu erreichen ist, wenn man in keinen der vielen Irrgänge gerät. Folgen wir dem Rundgang weiter, so treffen wir auf die südlich des Luststücks gelegenen acht *Heckengärten* (11–18), 1937 angelegt, Beispiele für die Entwicklung des Stils der Gartenbaukunst, jeder in seiner Art eindrucksvoll.

Im südlichen Teil des Gartens die *Große Fontäne,* die höchste Gartenfontäne Europas, die ihren Wasserstrahl bei Windstille 82 m

hoch schleudert. Ein aus dem Anfang des 18. Jhs. stammendes, 1856 umgebautes Wasserwerk pumpte früher das Wasser mit eigener Kraft aus der Leine und speiste neben der imposanten Großen Fontäne auch die anderen Wasserkünste. Heute versorgen Pumpen die Wasserspiele mit gereinigtem Flußwasser aus unterirdischen Tanks. Durch einen 4 mm engen Rundschlitz werden pro Stunde 500 cbm Wasser gepreßt. Am Ende der östlichen Seitenachse steht jetzt das 1878 von Wilhelm Engelhard in Marmor geschaffene *Denkmal der Kurfürstin Sophie,* die am 8. Juni 1714 an dieser Stelle in dem von ihr geschaffenen und so sehr geliebten Garten starb.

Östlich des Luststückes das *Gartentheater* (27), 1689–93 von Brand Westermann angelegt, ein Heckentheater. Die Bühne ist ein ummauertes, sich nach hinten trapezförmig verjüngendes Rechteck, das von Linden umrahmt ist. Hainbuchenhecken bilden Kulissen und Umkleideräume. Die Bühne säumen auf Sandsteinsockeln stehende, vergoldete Figuren, Nachbildungen klassischer Kunstwerke, die aus der Werkstatt des Holländers Pieter van Empthusen stammen. Zwei „Borghesische Fechter“ flankieren die Bühne im Vordergrund. Vom breiten Weg aus, der den vertieften Orchesterraum vom Zuschauerraum trennt, bilden Treppen amphitheaterartig den Zuschauerraum. In die Rückwand des Bühnenraumes ist eine Kaskadenanlage mit zwei Rundtreppen eingebaut. In dem Theater finden während des Sommers Theater- und Tanzaufführungen statt. Fast tausend Personen finden Platz. Im Gartentheater und in der Galerie wurden viele Kompositionen von Georg Friedrich Händel aufgeführt, der von 1710–12 als kurfürstlicher Hofkapellmeister in Hannover wirkte.

In Richtung auf die Galerie schließt sich an das Gartentheater der *Königsbusch* (28) an, das „Foyer“ des Theaters, mit den Bildwerken des Herzogs Georg von Calenberg, des Kurfürsten Ernst August, der Kurfürstin Sophie und des Königs Georg I. von England. Unmittelbar südlich der Galerie ein *Parterre à oranges* (29), wie es in Europa einmalig ist. Dieses wird durch das *Goldene Tor,* ein beliebtes Fotomotiv, erreicht. – Besonders eindrucksvoll ist an Sommerabenden die *Illumination* der Wasserspiele und Hecken (mit Barockmusik). Sie findet jeweils Mi–So eine Stunde lang nach Einbruch der Dämmerung statt.

Nördlich gegenüber dem Großen Garten liegt der ***Berggarten,** ein großer botanischer Garten mit herrlichen alten und teils sehr seltenen Bäumen, 1666 angelegt. Zuerst als Küchengarten benutzt, erhielt er später wegen seiner Lage auf einem Sandrücken den Namen „Berggarten". Er dient der Pflege und Kultivierung exotischer Pflanzen. Mehrere botanische *Schauhäuser* (1958) zeigen ständig Orchideen, tropische Pflanzen, Kakteen und Sukkulenten. Im nördlichen Teil das *Mausoleum*, von Laves 1842–47 nach dem Tode der Königin Friederike erbaut. Das strenge Alterswerk des hannoverschen Städteplaners und Baumeisters enthält die von Christian Daniel Rauch geschaffenen Marmorsarkophage der Königin Friederike und des Königs Ernst August sowie die Gebeine weiterer hannoverscher Fürsten und Fürstinnen, darunter die von Georg I. von England und der Kurfürstin Sophie. Vor dem Mausoleum sind der letzte Herzog von Braunschweig, Ernst August, und seine Gattin Viktoria Luise, die Tochter Wilhelms II., des letzten deutschen Kaisers, beigesetzt. Das Mausoleum und die dorthin führende Allee sind Eigentum des Fürstenhauses, während die Königsgärten – außer dem Welfengarten, der dem Lande Niedersachsen gehört – heute Eigentum der Landeshauptstadt Hannover sind (Öffnungszeiten → S. 18).

Nördlich und nordwestlich des Großen Gartens blieben viele für Angehörige der Hofgesellschaft und Bedienstete um 1700 entstandene Häuser erhalten. Im bedeutendsten, dem *Fürstenhaus,* ist das **Herrenhausen-Museum** (Öffnungszeiten → S. 17) untergebracht. Das Schlößchen, 1721 erbaut, wechselte oft den Besitzer, bis es 1836 königliches Gästehaus wurde. Seit 1866 befand sich hier die umfangreiche Porträtsammlung des Fürstenhauses Braunschweig-Lüneburg, später nahm es das Museum auf. In diesem werden Bilder, Möbel und Einrichtungsgegenstände aus dem Besitz des ehemaligen hannoverschen Königshauses in wohnlich eingerichteten Räumen gezeigt.

Einige Einzelstücke sind besonders bemerkenswert, so die beiden lebensgroßen Gemälde Georgs III. und seiner Gemahlin Sophie Charlotte links und rechts von der Eingangstür zum Gartensaal. In einem großen Raum am Westende des Museums sind wesentliche Teile der *Herzberger Jagdtapete* ausgestellt, die Herzog Christian Ludwig zu Braunschweig und Lüneburg (1622–65) seiner Mutter, der Herzogin Eleonore (1601–59), um 1645 zur Ausstattung ihres Witwensitzes, des Schlosses Herzberg, schenkte. Die Tapeten schufen unbekannte Meister der holländischen Schule. Sie sind eindrucksvolle kulturgeschichtliche Zeugnisse fürstlichen Jagens am welfischen Hofe.

Neben dem Berggarten die *Fachhochschule für Kunst und Design,* 1965 von Ernst Zietschmann und Jobst von Nordheim erbaut.

Weiter nordwestlich stadtauswärts im Stadtteil *Stöcken* liegt das Volkswagenwerk Hannover, 1956–58 erbaut, in den folgenden Jahren laufend erweitert, mit 18 000 Mitarbeitern Hannovers größter Industriebetrieb. Täglich werden rd. 900 Transporter und Caravelle-Busse hergestellt. Werksbesichtigungen sind nach Vereinbarung möglich. Hier befindet sich am Mittellandkanal der *Nordhafen,* einer der zwei städtischen Häfen. Der zweite ist der Lindener Hafen. Außer diesen städtischen Häfen gibt es zwei weitere Häfen im Norden und Nordosten (Brinker und Misburger Hafen) im Besitz von Gesellschaften. Sie dienen den hier gelegenen Industriebetrieben zum Transport ihrer Rohstoffe und Erzeugnisse. Mit der Verbreiterung des Mittellandkanals für das Europaschiff hat man auch im hannoverschen Stadtgebiet begonnen.

Ein idyllisches Ausflugsziel ist der Stadtteil **Marienwerder** im Westen Hannovers mit dem ehemaligen Augustinerkloster, das seit der Reformation ein evangelisches Damenstift ist. Von der 1200 geweihten romanischen *Klosterkirche Marienwerder* blieb der Chor mit den schönen Apsiden erhalten, während das Langhaus nach einem Brand 1335 erneuert wurde. Über dem Chor eine Triumphkreuzgruppe wohl um 1240, in und an der Kirche und im Kreuzgang Grabdenkmäler des 14.–18. Jhs. Ansehnlicher Rest des nach 1760 angelegten *Klosterparks,* eines der ersten auf dem europäischen Festland im englischen Gartenstil der romantischen Naturlandschaft.

Außerhalb der Stadtgrenze zwischen den Orten Seelze und Garbsen die in technischer Hinsicht beachtenswerte Überführung des Mittellandkanals über die Leine.

Stadtbesichtigung 7: Raschplatz – Hochschule für Musik und Theater – Flughafen – Pferderennbahn

Die Eisenbahn grenzte über hundert Jahre lang die Innenstadt nach Nordosten hin ab. Erst durch den Bau der *Passerelle* wurden Kröpcke (→ S. 35) und Raschplatz unter dem Hauptbahnhof hindurch miteinander verbunden. Im Bereich um den Raschplatz, der lange Zeit hinter der allgemeinen städtebaulichen Entwicklung zurückblieb, entstand nun ein neues Viertel mit Geschäften, Büro- und Wohnhäusern. Hauptbahnhof, U-Bahn-Station, Zentral-Omnibusbahnhof und zahlreiche Parkplätze unterstreichen den Charakter dieser Gegend als Verkehrsknotenpunkt.

Die Passerelle geht nach Norden über in den Fußgängerbereich der *Lister Meile,* ein attraktives Einkaufsgebiet. Am Raschplatz der *Fernmeldeturm,* mit 144,6 m lange Zeit das höchste Bauwerk der Stadt. Er dient der Funkfernverbindung in alle Richtungen und strahlt Fernsehprogramme aus. Links von der Einmündung der Celler Straße in die Lister Meile, am Welfenplatz, steht die **Apostelkirche,** 1880–83 von Conrad Wilhelm Hase und Karl Börgemann als dreischiffige Basilika in den neugotischen Formen der Hannoverschen Architekturschule erbaut.

Auf einer Hochstraße überquert die Hamburger Allee den Raschplatz. An ihrer östlichen Fortsetzung, der Berliner Allee, liegen links die *Handwerkskammer* mit dem Ausstellungsraum „Handwerksform“ und an der Kreuzung Schiffgraben die 1954 von Ernst-Friedrich Brockmann errichtete *Industrie- und Handelskammer.* Schräg gegenüber die Ärztekammer, ebenfalls nach Plänen von Brockmann erbaut, ihr vorgelagert ein achteckiger Vortragsraum. Am Schiffgraben mehrere beachtenswerte, um 1870 errichtete Villen.

Wenden wir uns nach Nordosten, ist in Kürze die Eilenriede (→ S. 70) erreicht, die hier bis unmittelbar ans Stadtzentrum vorstößt. Am *Emmichplatz* der Neubau der **Staatlichen Hochschule für Musik und Theater** (II F2).

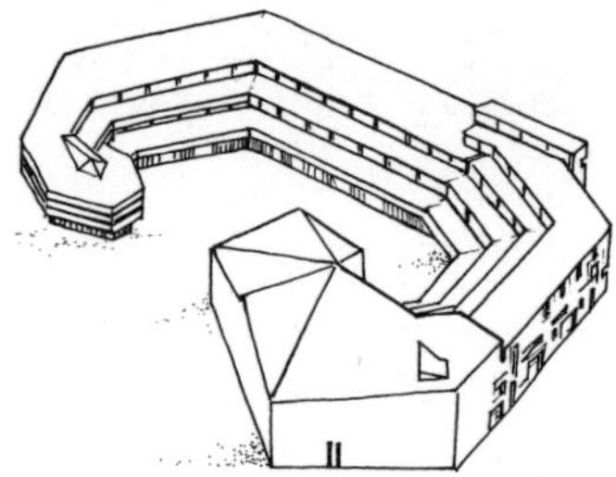

Der Neubau, 1973 von Rolf-Dieter Ramcke fertiggestellt, ist nach der Innenhofseite hin terrassenförmig gestaffelt. Den Abschluß bilden ein Übungsturm auf der einen und ein Saalbau auf der anderen Seite. Der fensterlose Saal hat 460 Plätze; Konzerte und Aufführungen können auch im Innenhof unter freiem Himmel durchgeführt werden. Je ein Schauspiel-, Hörspiel- und Fernsehstudio sowie Einrichtungen für ein Experimentiertheater sind vorhanden. Der einstige Vorbau der Gaststätte „Neues Haus“ von 1894, die früher hier stand und sehr beliebt war, ist vor der Hochschule aufgestellt.

Die Hochschule, aus einem 1895 gegründeten Privatkonservatorium hervorgegangen, war bis 1973 im Lister Turm (→ S. 68) untergebracht. Sie besteht aus folgenden Abteilungen: Ausbildungsklassen für Komponisten, Dirigieren, Gesang, für alle Tasten-, Streich-, Blas- und Schlaginstrumente; Solistenklassen; Schulmusik (Ausbildung von Musikerziehern); Oper; Schauspiel;

Tanz; Seminare (für Musikerzieher, für rhythmisch-musikalische Erziehung; für Lehrer an Musikschulen).

Links an der Eilenriede entlang die Hohenzollernstraße. Gegenüber der Einmündung der Yorckstraße steht seit 1910 das *Königinnendenkmal,* eine vergrößerte Marmorkopie des berühmten Schadowschen Denkmals der beiden in Hannover geborenen späteren Königinnen Luise von Preußen und Friederike von Hannover. Die Yorckstraße führt auf die **Dreifaltigkeitskirche** an der Bödekerstraße zu, die 1880–83 von Christoph Hehl als Backstein-Gewölbebasilika in den neugotischen Formen der Hannoverschen Architekturschule erbaut wurde. Ein Stück weiter an der Hohenzollernstraße das 1915 von Bernhard Hoetger aus Kalkstein errichtete *Waldersee-denkmal* gegenüber dem Haus, wo der Generalfeldmarschall Alfred Graf von Waldersee 1904 starb. Im chinesischen Boxeraufstand hatte er 1900–01 die europäischen Truppen kommandiert, die Peking besetzten. – Am Ende der Hohenzollernstraße die *Markuskirche,* 1902–06 von Otto Lüer in neuromanischen Formen erbaut.

In der Nähe der *Lister Turm* an der Walderseestraße (II F1), einst eines der Vorwerke der hannoverschen Stadtverteidigung und bereits 1387 erwähnt. Das jetzige Fachwerkhaus wurde in der Nähe des alten Turms 1895 von Hermann Schaedtler erbaut und beherbergte 1950–73 die Hochschule für Musik und Theater. Jetzt werden die Räumlichkeiten als Freizeitheim genutzt. Im Stadtteil **List** liegen weltbekannte Firmen. Sehenswert ist das im Jugendstil erbaute Verwaltungsgebäude der Keksfabrik Bahlsen (1911; Karl und August Siebrecht) in der Podbielskistraße 11 und das 1906 von Otto Taaks errichtete Gebäude des Schul- und Bürobedarfsherstellers Pelikan (Nr. 141). In List lag auch das Werk der Deutschen Grammophon GmbH, der 1898 von den Brüdern Berliner gegründeten (→ S. 34) und damit ältesten Schallplattenfabrik der Welt (heute Polygram Record Service GmbH). Auf der Podbielskistraße kommt man in den Stadtteil Bothfeld, dessen Nikolaikirche einen wohl um 1360 erbauten Glockenturm aus Raseneisenstein besitzt.

Etwa 1,5 km westlich vom Lister Platz führt die Vahrenwalder Straße als große Ausfallstraße nach Norden. Nr. 7 ist das Stammwerk der Continental-Gummi-Werke AG, 1912 von Peter Behrens erbaut und 1938 von Alfred Weber erweitert. 1871 wurde die Continental-Caoutchouc und Guttapercha-Companie – dieser alte Firmenname steht noch heute im Giebel des Stammhauses – im damaligen Dorf Vahrenwald gegründet. Die Firma brachte als erste den Fahrrad- und später den Autoluftreifen auf den Markt. Das Produktionsprogramm wurde ständig erweitert.

Weiter stadtauswärts (II E1) das *Freizeitheim Vahrenwald* (z. Zt. geschlossen), 1964–65 von Heinz Wilke erbaut, mit einem interessanten Wandschmuck aus Aluminium von Ursula Förster über dem Eingang. Hannover besitzt außer diesem noch Freizeitheime in Linden, Ricklingen, Mühlenberg, Stöcken, Döhren und List. Diese Gemeinschaftszentren haben Veranstaltungs-, Gruppen-, Werk- und Spielräume sowie Musikstudios. Vor der Autobahn Köln–Berlin beginnt ohne Abgrenzung die Nachbarstadt *Langenhagen,* die sich nach dem Krieg stark entwickelt hat. Auf Langenhagener Gebiet liegen westlich der Flughafen und östlich die Pferderennbahn „Neue Bult".

Der **Flughafen Hannover** wurde 1952 als Verkehrsflughafen Hannover-Langenhagen in Betrieb genommen. Er steht unter den deutschen Verkehrsflughäfen an siebenter Stelle. 1991 wurden 94 663 Starts und Landungen durchgeführt sowie knapp 3 Millionen Fluggäste gezählt. Das moderne Start- und Landebahnsystem ist für den uneingeschränkten Interkontinentalverkehr geeignet. 1973 richtete die Hapag Lloyd Flug GmbH ihre technische Basis am Flughafen Hannover ein. Zu diesem Zeitpunkt wurde auch das neue Fluggastgebäude eröffnet. Ankunft und Abflug sind in zwei Ebenen angeordnet, um eine gegenseitige Behinderung der Passagierströme auszuschließen. Zwei Parkhäuser mit 2700 Einstellplätzen und ein Außenparkplatz mit 2100 Stellplätzen stehen zur Verfügung. Da die Parkhäuser unmittelbar mit dem Fluggastgebäude verbunden sind, bleiben dem Fluggast weite Wege erspart. Während der Hannover-Messen und anderer großer Ausstellungen steigt das Verkehrsaufkommen des Flughafens um ein Vielfaches; der Flughafen ist mit allen seinen Anlagen darauf eingerichtet. Von der modern gestalteten Zuschauerterrasse aus ist das Geschehen auf dem Vorfeld ausgezeichnet zu beobachten. Information über Führungen unter Tel. 9 77-13 53. Täglich werden je nach Bedarf von 11 Uhr bis Sonnenuntergang Rundflüge über Hannover und seine Umgebung durchgeführt. Information unter Tel. 9 77-24 84.

Die **Pferderennbahn „Neue Bult"** (in Langenhagen ausgeschildert), 1973 eröffnet, ist eine Galopprennbahn mit 1800 m Grasbahn und 800 m Trainingssandbahn. Für 175 Pferde sind Stallungen vorhanden, dazu kommen Gastboxen für 56 Pferde und Trainerwohnungen. Die Tribüne hat 1200 Plätze, hinzu kommt eine Gaststätte mit Terrasse, nur an Renntagen geöffnet. Alle erforderlichen Einrichtungen wie zwei Startmaschinen für je zwölf Pferde, ein Werkhof sowie 3000 Parkplätze sind vorhanden. Die Rennbahn wird vom 1867 gegründeten Hannoverschen Rennverein betrieben.

Stadtbesichtigung 8: Zoo – Stadthalle – Stadtpark Hermann-Löns-Park – Tiergarten

Den Osten Hannovers umschließt im Halbkreis die **Eilenriede,** Hannovers Stadtwald, 639 ha groß und seit 1371 in städtischem Besitz. Mit vielen Kilometern Wander- und Radfahrwegen, Waldwiesen, Spielplätzen, Plastiken und Waldgaststätten ist sie zum Naherholungsgebiet geworden, dessen Waldcharakter sich erhalten hat.

Am südwestlichen Rand der Eilenriede liegt der 1865 gegründete ***Zoologische Garten** (II G2), in dem rund 1200 Tiere und etwa 275 verschiedene Arten leben hier (Öffnungszeiten → S. 18).

Weite, zum Besucher nur von schmalen Gräben begrenzte Tieranlagen für Huftiere prägen den Zoo. Seit Jahrzehnten werden hier viele Arten afrikanischer Antilopen gehalten mit bemerkenswerten Zuchterfolgen. Manche dieser eleganten Huftiere leben mit ihren Artgenossen zusammen oder aber mit Giraffen, Zebras und Straußen. Junge Tiere gibt es in allen Monaten. Berühmt wurde der Zoo Hannover auch durch seine Elefantenzucht. Insgesamt 20 Elefanten – asiatische und afrikanische – wurden hier geboren. Die Menschenaffen leben in einem Urwaldhaus zwischen üppig wuchernden tropischen Pflanzen. Schimpansen- und Gorillaanlagen sind innen wie außen als Freisichtgehege konzipiert. Auch die übrigen Primaten werden in einem dicht bewachsenen Tropenhaus gezeigt. – Die Schaufütterung der Robben, verbunden mit Dressurvorführungen, ist eine weitere Attraktion. Die markante Greifvogelvoliere, das größte Gebäude des Zoos, verleiht dem Park einen auffälligen Akzent. Im Sommer werden junge Haustiere auf einer Streichelwiese gehalten. Kinderspielplatz und Zooschule.

Vom Zoo führt nach Norden die Bernadotte-Allee zum Lister Turm. An ihr gleich rechts die Bronzeplastik „Wisent“ von August Waterbeck und im weiteren Verlauf das *Königsulanendenkmal* von Ernst Gorsemann, die Plastik „Fabeltier“ von Ludwig Vierthaler und am Lister Turm die Bronzeplastik „Hirsch“ von August Waterbeck.

Wenige Minuten zu Fuß vom Zoo südlich die **Stadthalle.** Sie ist das repräsentative 1914 fertiggestellte und damals als revolutionär modern empfundene Kongreß- und Kulturzentrum, heute Mittelpunkt des Congress Centrums Stadtpark. Der von einer wuchtigen Kuppel gekrönte Bau, eines der Wahrzeichen Hannovers, enthält den Beethovensaal und den großen Kuppelsaal (3700 Pl.), daneben Restaurations- und Tagungsräume.

Die *Eilenriedehalle* (4000 Pl.) die *Niedersachsenhalle* (3000 Pl.) sowie die *Glashalle* werden in Verbindung mit dem 40 000 qm großen Freigelände oft für Ausstellungen genutzt.

ZOOLOGISCHER GARTEN
DER LANDESHAUPTSTADT HANNOVER

① Afrikasteppe
② Stelzvogelwiese, Pelikane
③ Zebraanlage
④ Wasserbockanlage
⑤ Känguruhanlagen
⑥ Antilopenanlagen
⑦ Bärenanlagen
⑧ Großkatzenhaus
⑨ Gibbonanlage
⑩ Giraffenanlage
⑪ Elefantenhaus
⑫ Nashornanlage
⑬ Rinderanlagen
⑭ Kleinkatzenanlagen
⑮ Flußpferdhaus
⑯ Haustiergehege
⑰ Hirschanlagen
⑱ Gepardenanlage
⑲ Reihervoliere
⑳ Eulen- und Rabenvolieren
Ⓐ Haupteingang/ Zooschule
Ⓑ Verwaltung
Ⓒ Nebeneingang
Ⓓ Kinderspielplatz
Ⓔ Gaststätte
㉑ Kleinraubtieranlagen
㉒ Wolfsanlage
㉓ Kamelanlagen
㉔ Kinderreitbahn
㉕ Greifvogelvolieren
㉖ Brutvolieren für Greifvögel
㉗ Streichelwiese
㉘ Südamerikaanlagen
㉙ Pinguinanlage
㉚ Robbenanlage
㉛ Urwaldhaus (Menschenaffen)
㉜ Tropenhaus (Affen, Reptilien)
㉝ Fasanerie
㉞ Watvogelanlage
㉟ Flamingowiese
㊱ Ententeich

An der Stadthalle der 1914 angelegte **Stadtpark** mit Teichen, Fontänen, Plastiken, einem Stauden- und Rosengarten sowie einem Café. Schöner Blick auf den Stadtpark von der Café-Terrasse der Stadthalle. – Gegenüber, an der Ostseite des Theodor-Heuss-Platzes, das 1920–22 von Paul Wolf angelegte *Eilenriedestadion.* In westlicher Richtung zweigt die Zeppelinstraße ab. In Nr. 8 ist die *Postgeschichtliche Sammlung* der Oberpostdirektion (Öffnungszeiten → S. 17) untergebracht.

Die Marienstraße und die Hans-Böckler-Allee führen als Ausfallstraße nach Osten. Das 1860 von der letzten hannoverschen Königin Marie gestiftete Henriettenstift, ein großes Krankenhaus, liegt an der Marienstraße 80. Südlich der Marienstraße, Am Bokemahle 14–16, befindet sich das Stadtarchiv. Weiter stadtauswärts, Bischofsholer Damm 15, die **Tierärztliche Hochschule** (I G3), die 1778 als „Königliche Roß-Arzeney-Schule" gegründet wurde. Sie ist die viertälteste ihrer Art in Europa. 1887 wurde sie zur Hochschule erhoben und siedelte 1899 aus der Innenstadt in die seit 1895 errichteten Gebäude über. Hier befindet sich auch das *Veterinärmedizinhistorische Museum* (Öffnungszeiten → S. 17) mit seiner in der Bundesrepublik einmaligen Sammlung.

An der Hans-Böckler-Allee folgen die Wehrbereichsverwaltung II (Nr. 18) und das Verwaltungsgebäude der Solvay Deutschland GmbH (Nr. 20); neben dessen Haupteingang die Plastik „Maja" von Gerhard Marcks. Hannover ist Zentrum der deutschen Kali-Industrie mit großen Fundstätten in der Umgebung. – Die Freundallee führt nach Süden zur *Synagoge,* die nach Plänen von Hermann Guttmann erbaut und 1963 eingeweiht wurde.

An der Kreuzung der Hans-Böckler-Allee mit dem Messeschnellweg steht der bereits 1387 erwähnte *Pferdeturm.* Er war Bestandteil der nach 1371 angelegten Landwehr, der im Stadtwald Eilenriede verlaufenden äußeren Befestigungslinie der Altstadt. Hier liegt auch das Eis- und Rollschuhlaufstadion. Gegenüber die bis 1902 von Eberhard Hillebrand erbaute neugotische *Petrikirche.*

Von hier führen Scheidestraße und Berckhusenstraße zum „Roderbruchgebiet" im Stadtteil Groß-Buchholz. In diesem seit 1960 gewachsenen Bereich liegen neben Wohnvierteln und Einkaufszentren die 1965 eröffnete **Medizinische Hochschule** mit ihren Instituten und Krankenhäusern, Forschungseinrichtungen wie das Fraunhofer-Institut für Toxikologie und Aereosolforschung und das Max-Planck-Institut für experimentelle Endokrinologie. Herzstück ist das Zentralklinikum (1400 Betten) mit zahlreichen Kliniken.

Nördlich der Medizinischen Hochschule ist der **Fernmeldeturm** nicht zu übersehen, der nach seiner Fertigstellung 277 m hoch sein wird. Er wird u. a. für die neuen Mobilfunkdienste genutzt werden.

Der historische Dorfkern des Stadtteils Groß-Buchholz blieb vor allem um den Kapellenbrink gut erhalten. An der Pasteurallee steht die *Buchholzer Windmühle,* und wenige Schritte nach Norden liegt das 1959 fertiggestellte *Oststadt-Krankenhaus* (jenseits II H1).

An der Buchholzer Straße liegt das Hochhaus der *Bundesanstalt für Geowissenschaften und Rohstoffe* sowie des *Niedersächsischen Amtes für Bodenforschung*. Die Bundesanstalt führt im Auftrage der Bundesregierung alle geologischen Arbeiten im Ausland durch, z. B. für die Entwicklungshilfe, berät die Bundesministerien in Fragen der mineralogischen Rohstoffbeschaffung und -sicherung und in denen des Umweltschutzes und führt Forschungsaufgaben im geophysikalischen Bereich in allen Teilen der Welt durch. In Anlehnung an die Bundesanstalt wurde Hannover zum Zentrum der deutschen Firmen, die auf dem Gebiet der Erdöl- und Gasindustrie im In- und Ausland tätig sind.

Folgt man der Karl-Wiechert-Allee nach Süden, liegt links das 1892 gegründete *Annastift,* das größte Orthopädische Rehabilitationszentrum in Niedersachsen. An der Kirchröder Straße steht das *Stephansstift,* 1869 als Ausbildungs- und Lebensstätte von jungen Männern für den Dienst in christlicher Nächstenliebe gegründet. Heute zählt das Stift mehr als 500 Mitarbeiter. Die neugotische *Kirche* wurde 1895 von Eberhard Hillebrand erbaut.

Östlich vom Stadtteil Kleefeld (II H2/3) liegt der 1936 als niedersächsische Auenlandschaft geschaffene **Hermann-Löns-Park.** Der auf einem versumpften Wiesengelände angelegte Landschaftspark mit weiten Grünflächen, Baumgruppen, dem Annateich und dem angrenzenden Kleefelder Bad bietet die Möglichkeit zu schönen Spaziergängen. Seine Gaststätte „Alte Mühle“ ist ein beliebtes Lokal in einem hierher versetzten niedersächsischen Fachwerkhaus von 1720. Auf einem Hügel die *Alte Mühle,* die 1701 in der Nähe des Aegidientors erbaut und 1748 auf eine Bastion an der heutigen Georgstraße versetzt wurde (→ S. 36). Als dort 1845 das Opernhaus erbaut wurde, mußte die Mühle wieder weichen. Sie wanderte zum Emmerberg, zum Engesohder Berg und nach Hohnebostel, wurde 1938 von der Stadtverwaltung zurückerworben und fand hier ihren sechsten und wahrscheinlich letzten Standplatz.

Durch einen Streifen der Eilenriede mit dem Park verbunden ist der **Tiergarten** (II, jenseits H3/4), nach Eilenriede und Hermann-Löns-Park das dritte große Grüngebiet im Osten Hannovers. 1679 durch den Herzog Johann Friedrich als Wildpark angelegt, kam er 1903 in städtischen Besitz. Sein herrlicher alter Baumbestand, eine Damwildherde von 140 Stück, Schwarzwild, Wildpferde und seine schöne Gaststätte machen ihn zu einem beliebten Ausflugsziel.

Im Stadtteil *Kirchrode,* südlich vom Hermann-Löns-Park, befindet sich am Albert-Schweitzer-Hof das Deutsche Taubblindenzentrum. Hier werden taube und blinde Kinder ständig und Erwachsene in Fortbildungslehrgängen unterrichtet. – Im Stadtteil *Anderten,* östlich vom Tiergarten, liegt am Mittellandkanal die 1928 eingeweihte Hindenburgschleuse, eine der größten deutschen Schleusenanlagen.

Stadtbesichtigung 9:
Südstadt – Friedhof Engesohde – Messegelände

Vom Aegidientorplatz in den Süden Hannovers führt die Hildesheimer Straße, die Hauptstraße der **Südstadt.** Östlich vom U-Bahnhof Altenbekener Damm, an der Bismarckstraße, liegt die *Pädagogische Hochschule,* 1929–34 von Franz Erich Kaßbaum und Willi Palaschewski als Klinkerbau errichtet, später mehrfach erweitert, heute Fachbereich Erziehungswissenschaften der Universität Hannover. Gegenüber an der Saarstraße steht die 1960–61 von Werner Dierschke erbaute *Bugenhagenkirche.*

An der Alten Döhrener Straße finden wir den 1864 angelegten **Stadtfriedhof Engesohde,** den „Honoratiorenfriedhof" der Stadt. Hier ruhen viele bekannte Hannoveraner, unter ihnen der Bildhauer Ernst von Bandel, die Architekten Georg Ludwig Friedrich Laves und Conrad Wilhelm Hase, der Künstler Kurt Schwitters und der Politiker Gustav Noske.

Dort, wo die Hildesheimer Straße den Stadtwald Eilenriede durchschneidet, steht seit 1382 der *Döhrener Turm* im Verlauf der Landwehr, der äußeren Verteidigungslinie der Altstadt. Die Untergeschosse des heutigen Turms wurden 1488 nach einer Zerstörung neu erbaut, das Fachwerk-Obergeschoß wurde 1888 mit dem von Hermann Schaper entworfenen Relief des Wappenträgers aus Mettlacher Steingut hinzugefügt.

Beiderseits der Hildesheimer Straße folgen die Stadtteile *Döhren* und *Wülfel.* In Wülfel liegen an der Wilkenburger Straße die 1955 erbaute und später mehrfach erweiterte und modernisierte Schießsportanlage, seit 1971 Bundesleistungszentrum für den Schießsport, und die 1965 angelegte Radrennbahn. In der Nähe ein Jugendgästehaus.

Östlich des Stadtteils Wülfel liegt das **Messegelände,** mit rund 1 qkm Fläche das größte der Welt. Die Stadtbahnlinie 8 endet am 120 m hohen Stahlrohr-Messeturm vor dem Eingang Nord. Bundesbahnzüge werden zum eigenen Personen- und Güterbahnhof geleitet. Mit zwölf Gleisen ist der messeeigene Bahnhof der größte private Personenbahnhof Europas; er ist vollelektrifiziert und in Teilbereichen zur stationären Aufnahme von Schlafwagenzügen angelegt. Lufttaxen verbinden den Flughafen Hannover-Langenhagen mit dem Messe-Heliport. Flugzeit: 8 Min. Das Messegelände verfügt über den größten bekannten privaten Parkplatz; rund um das Messegelände können gleichzeitig rund 50 000 Kraftfahrzeuge abgestellt werden. Die Ausstellungsfläche in Hallen beträgt 479 000 qm und auf dem Freigelände 278 000 qm. – Ein Wahrzeichen der Messe ist der 74 m hohe Hermesturm, 1956 von Werner Gabriel erbaut. Der Hermes-Kopf ist weltweit als Logo der Hannover-Messen bekannt.

Unter schwierigsten Verhältnissen wurde 1947 das Gelände mit den Werkshallen der Vereinigten Leichtmetall-Werke in Laatzen für die erste Exportmesse eingerichtet, die sich im Laufe der Jahre zu einer solchen Größe entwickelte, daß sie 1986 geteilt wurde in die CeBIT (Welt-Centrum Büro – Information – Telekommunikation) und die HANNOVER MESSE (Leitmesse der Industrie). Seit der Gebietsreform von 1974 gehört das Messegelände zu Hannover. 1991 zählte man auf dem Messegelände insgesamt 2,1 Mio. Besucher. 1989 wurde das von Hinrich Storch und Walter Ehlers entworfene Tagungs Centrum Messe (TCM) fertiggestellt.

Außer den jährlich veranstalteten beiden größten Messen der Welt finden weiter zahlreiche internationale Messen und Ausstellungen auf dem Messegelände statt: die Internationale Baufachmesse CONSTRUCTA, die Europäische Werkzeugmaschinen-Ausstellung (EMO), die Internationale Textilmaschinen-Ausstellung (ITMA), die Internationale Fachmesse für Schule, Bildung, Training (didacta), die Internationale Fachmesse für Maschinen und Ausrüstung der Holz- und Forstwirtschaft (LIGNA), die BIOTECHNICA, Internationale Messe und Kongreß für Biotechnologie, die Landwirtschaftstechnologische Fachmesse Huhn & Schwein, die Internationale Ausstellung für Brand- und Katastrophenschutz INTERSCHUTZ – DER ROTE HAHN, die domotex Internationale Fachmesse für Teppiche und Teppichböden, die IAA Nutzfahrzeuge und als jüngste die Euro-BLECH Internationale Technologiemesse für Blechbearbeitung. Darüber hinaus werden von der Heckmann GmbH, einer Tochtergesellschaft der Deutschen Messe AG, hochwertige überregionale Messen und Ausstellungen durchgeführt, die mehr für den Kunden als für den Fachmann bestimmt sind. Hierzu gehören die Infa, Informations- und Verkaufsausstellung für Hauswirtschaft und Familie, die ABF, die Ausstellung für Auto, Boot, Garten, Touristik und Freizeit, das Internationale Hallen-Reitturnier mit der damit verbundenen Ausstellung Pferd & Jagd, die INTERRADIO, die Internationale Ausstellung für Amateurfunk, Computertechnik und Hobby-Elektronik und die im April stattfindende Internationale Kunst- und Antiquitätenmesse in Herrenhausen.

Stadtbesichtigung 10: Linden – Ricklingen – Ihme-Zentrum

Westlich des Flüßchens Ihme liegt die frühere Stadt **Linden,** die 1920 mit Hannover vereinigt wurde. Aus dem zuerst 1115 erwähnten Gerichtsort des Marstemgaus (Verwaltungseinheit der späten Karolingerzeit), zunächst einem Bauerndorf, entwickelte sich schon um 1700 ein Villen- und Gewerbevorort der Residenz mit großen Gartenanlagen und seit etwa 1800 eines der ersten Industriezentren Norddeutschlands. 1885 erhielt das „größte Dorf Preußens" mit etwa 25 000 Einwohnern das Stadtrecht. – Mittelpunkt des Stadtteils ist der Lindener *Marktplatz* (I A4) mit dem 1896–98 erbauten *Rathaus* und dem 1896 gestifteten *Nachtwächterbrunnen* Hans Dammanns. Am Haus Lindener Marktplatz 2 erinnert eine Tafel an die hier 1906 geborene Historikerin und Philosophin Hannah Arendt (→ S. 34). An der Posthornstraße liegt der Eingang zum Von-Alten-Garten (I A5), dem Rest des um 1700 angelegten *Schloßgartens* der Reichsgrafen von Platen. Vom 1945 zerstörten Schloß blieben nur wenige Fragmente erhalten.

Sowohl im Stadtteil Linden-Nord beiderseits der Limmerstraße als auch in Linden-Süd wurden Altbaugebiete aus der Mitte des vorigen Jahrhunderts mit interessanten Beispielen früherer Arbeiterwohnhäuser vorbildlich saniert. – Zwischen Göttinger und Bornumer Straße in Linden-Süd liegt das Gelände der Hannoverschen Maschinenbau-Aktiengesellschaft (HANOMAG), die aus der 1835 von Georg Egestorff gegründeten Eisengießerei und Maschinenfabrik hervorgegangen ist. Hier wurden bereits seit 1846 Lokomotiven gebaut. Das Firmengelände wurde nach dem Konkurs der Firma zum größten Teil veräußert und dient heute anderen Zwecken. Weiter südlich der Gemüsegroßmarkt am Tönniesberg.

An Linden-Süd schließt der Stadtteil Ricklingen an, in dem vor allem an der Stammestraße und auf dem Edelhof beachtenswerte Bauernhäuser erhalten blieben. Auf dem Gelände des früheren Ritterguts steht die um 1340 erbaute *Edelhofkapelle.* Auf dem Stadtfriedhof Ricklingen ruht Kurt Schumacher, der erste Vorsitzende der Sozialdemokratischen Partei Deutschlands nach dem Zweiten Weltkrieg.

Zwischen Ihme und der Blumenauer Straße wurde 1971–74 das **Ihme-Zentrum** gebaut, mit Warenhäusern, Bürogebäuden und Wohnungen für 2900 Menschen. Nahe der Einmündung der Ihme in die Leine liegt das *Heizkraftwerk.* Ein Stichkanal führt vom Mittellandkanal bei Seelze zum Lindener Hafen.
Im Stadtteil *Limmer,* westlich von Linden-Nord, erinnert ein 1913 von Karl Gundelach geschaffenes Denkmal vor der Nikolaikirche an den volkstümlichen Geistlichen Jacobus Sackmann (1643–1718), der hier seit 1680 wirkte und predigte.

REGISTER

Zusammengefaßt sind Denkmäler und Ministerien